CURSO COMPLETO
INGLÉS PARA LATINOS

¡ÉNFASIS EN LA CONVERSACIÓN!

AGUILAR

Título original: CURSO COMPLETO DE INGLÉS PARA LATINOS
© 2010, TRIALTEA USA
PO BOX 45 44 02 Miami FL 33245-4402

De esta edición:
D.R. © 2010, Santillana USA Publishing Company, Inc.
2023 NW 84th Avenue
Doral, FL 33122
Teléfono: 305-591-9522

Aguilar es un sello editorial del Grupo Santillana. Éstas son sus sedes:

Argentina
Av. Leandro N. Alem, 720
C1001AAP Buenos Aires
Tel. (54 11) 4119 50 00
Fax (54 11) 4912 74 40

Bolivia
Avda. Arce, 2333
La Paz
Tel. (591 2) 44 11 22
Fax (591 2) 44 22 08

Colombia
Calle 80, n°10-23
Bogotá
Tel. (57 1) 635 12 00
Fax (57 1) 236 93 82

Costa Rica
La Uruca
Del Edificio de Aviación Civil 200 m
al Oeste
San José de Costa Rica
Tel. (506) 220 42 42 y 220 47 70
Fax (506) 220 13 20

Chile
Dr. Aníbal Ariztía, 1444
Providencia
Santiago de Chile
Telf (56 2) 384 30 00
Fax (56 2) 384 30 60

Ecuador
Avda. Eloy Alfaro, N33-347 y
Avda. 6 de Diciembre
Quito
Tel. (593 2) 244 66 56 y 244 21 54
Fax (593 2) 244 87 91

El Salvador
Siemens, 51
Zona Industrial Santa Elena
Antiguo Cuscatlan - La Libertad
Tel. (503) 2 505 89 y 2 289 89 20
Fax (503) 2 278 60 66

España
Torrelaguna, 60
28043 Madrid
Tel. (34 91) 744 90 60
Fax (34 91) 744 92 24

Estados Unidos
2023 NW 84th Avenue
Doral, FL 33122
Tel. (1 305) 591 95 22 y 591 22 32
Fax (1 305) 591 91 45

Guatemala
7ª avenida, 11-11
Zona n° 9
Guatemala CA
Tel. (502) 24 29 43 00
Fax (502) 24 29 43 43

Honduras
Colonia Tepeyac Contigua a Banco
Cuscatlan - Boulevard Juan Pablo,
frente al Templo Adventista 7° Día,
Casa 1626
Tegucigalpa
Tel. (504) 239 98 84

México
Avda. Universidad, 767
Colonia del Valle
03100 México DF
Tel. (52 55) 54 20 75 30
Fax (52 55) 56 01 10 67

Panamá
Avda Juan Pablo II, n° 15.
Apartado Postal 863199, zona 7
Urbanización Industrial La Locería
Ciudad de Panamá
Tel. (507) 260 09 45

Paraguay
Avda. Venezuela, 276
Entre Mariscal López y España
Asunción
Tel. y fax (595 21) 213 294 y 214 983

Perú
Avda. San Felipe, 731
Jesús María, Lima
Tel. (51 1) 218 10 14
Fax. (51 1) 463 39 86

Puerto Rico
Avenida Roosevelt, 1506
Guaynabo 00968
Puerto Rico
Tel. (1 787) 781 98 00
Fax (1 787) 782 61 49

República Dominicana
Juan Sánchez Ramírez, n° 9
Gazcue
Santo Domingo RD
Tel. (1809) 682 13 82 y 221 08 70
Fax (1809) 689 10 22

Uruguay
Constitución, 1889
11800 Montevideo
Uruguay
Tel. (598 2) 402 73 42 y 402 72 71
Fax (598 2) 401 51 86

Venezuela
Avda. Rómulo Gallegos
Edificio Zulia, 1°. Sector Monte
Cristo. Boleita Norte
Caracas
Tel. (58 212) 235 30 33
Fax (58 212) 239 10 51

Foto de cubierta: © Andrés Rodríguez | Dreamstime.com

ISBN 13: 978-1-60396-941-3

Primera edición: 2010

Impreso en U.S.A.

ÍNDICE DE CONTENIDOS

UNIDAD 1

UNIDAD 2

UNIDAD 3

UNIDAD 4

UNIDAD 8

UNIDAD 9

UNIDAD 10

UNIDAD 11

UNIDAD 17

UNIDAD 18

UNIDAD 19

UNIDAD 20

UNIDAD 21

UNIDAD 25

UNIDAD 26

UNIDADES

UNIDAD

I

EN ESTA UNIDAD ESTUDIAREMOS:

LET'S SPEAK ENGLISH:

A) SALUDOS.

B) ENTREGAR ALGO A ALGUIEN.

C) AGRADECIMIENTOS.

D) EXPRESIONES ÚTILES.

GRAMÁTICA FÁCIL:

A) PRONOMBRES PERSONALES SUJETO.

B) PRESENTE DEL VERBO "TO BE" (FORMA AFIRMATIVA).

SITUACIÓN: Maggie quiere matricularse en un curso de pintura y acude a un centro donde poder realizarlo.

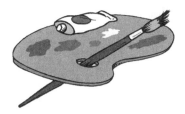

Tom: Good afternoon!

Maggie: Good afternoon! I am Maggie Smith and **I am** interested in a painting course.

Tom: My name is Tom Roberts and **I am** the director of this art institute. How can we help you?

Maggie: I need some information about painting courses: levels, schedule, price.... But **I am** in a hurry now.

Tom: Don't worry. We can send you all the information by mail or e-mail. **Please**, fill out this form.

Maggie: Excuse me?

Tom: We need your personal information.

Maggie: Ah! ...yes.... **I'm sorry** but I don't have a pen.

Tom: Here you are.

Maggie: Thank you very much.

Tom: You're welcome.

Maggie: Name..... address...... telephone number..... e-mail address......That's it! **Here you are**, Mr. Roberts.

Tom:Thank you. Ms. Smith, where are you from?

Maggie: I am from San Francisco.

Tom: I see. **I am** from New York.

Maggie: Well, **excuse me** but, as I said before, **I am** in a hurry and have to go.

Tom: Don't worry. We will send you all the information you need.

Maggie: Thank you very much.

Tom: You're welcome.

Maggie: Goodbye!

Tom: Goodbye!

DIÁLOGO 1:

Tom: *¡Buenas tardes!*

Maggie: *¡Buenas tardes!* **Soy** Maggie Smith y estoy interesada en un curso de pintura.

Tom: Me llamo Tom Roberts y **soy** el director de esta escuela de arte. ¿Cómo podemos ayudarla?

Maggie: Necesito información sobre cursos de pintura: niveles, horario, precio... Pero ahora **tengo** prisa.

Tom: No se preocupe. Podemos enviarle toda la información por correo o por correo electrónico. **Por favor**, rellene este formulario.

Maggie: *¿Perdón?*

Tom: Necesitamos sus datos personales.

Maggie: ¡Ah, sí! **Lo siento** pero no tengo bolígrafo.

Tom: *Aquí tiene*.

Maggie: *Muchas gracias*.

Tom: *De nada*.

Maggie: Nombre.......dirección....

número de teléfono....dirección de correo electrónico.....
¡Ya está! **Aquí tiene**, Sr. Roberts.

Tom: **Gracias**. Srta. Smith, ¿de dónde es usted?

Maggie: **Soy** de San Francisco.

Tom: Bien. Yo **soy** de Nueva York.

Maggie: Bueno, **disculpe**, pero como dije antes, **tengo** prisa y he de irme.

Tom: No se preocupe. Le enviaremos toda la información que necesita.

Maggie: *¡Muchas gracias!*

Tom: *De nada*.

Maggie: *¡Adiós!*

Tom: *¡Adiós!*

Mis palabras clave

LET'S SPEAK ENGLISH

a) SALUDOS – GREETINGS

La expresión más utilizada cuando dos personas se saludan es **"Hello!"** (*¡Hola!*).
De forma coloquial, también podemos decir **"Hi!"**

Otras alternativas son:

Si el saludo tiene lugar por la mañana... **"Good morning!"**
(*¡Buenos días!*)
Si es a partir del mediodía.................... **"Good afternoon!"**
(*¡Buenas tardes!*)
Y si es a partir de media tarde............... **"Good evening!"**
(*¡Buenas tardes! o
¡Buenas noches!,
según corresponda*)

Para despedirnos, también podemos utilizar distintas fórmulas. La más usual es **"Goodbye!"** (*¡Adiós!*), que, de forma coloquial, puede quedar en **"Bye"** o **"Bye-bye"**.

También podemos usar **"See you!"** (*¡Hasta la próxima!*) y otras expresiones derivadas:

See you later!	*¡Hasta luego!*
See you soon!	*¡Hasta pronto!*
See you tomorrow!	*¡Hasta mañana!*

Si es de noche y nos despedimos de alguien a quien no veremos más esa noche, o bien nos despedimos para ir a dormir, usamos **"Good night!"** (*¡Buenas noches!*)

Como podemos ver, al escribir debemos tener en cuenta que sólo se usa un signo de exclamación, al final de la frase o expresión.

b) ENTREGAR ALGO A ALGUIEN – GIVING SOMETHING TO SOMEONE

Cuando hacemos entrega de algo a alguien, pagamos algo, etc, solemos acompañar el gesto con las expresiones "**Here you are**" o "**There you are**" *(Aquí tiene)*.

–The shirt is $30.
– *La camisa cuesta $30.*

– Ok, **here you are.**
– *De acuerdo, aquí tiene.*

c) AGRADECIMIENTOS – THANKING

Para dar las gracias por algo, podemos decir:

Thanks	*Gracias*
Thank you	*Gracias*
Thanks a lot	*Muchas gracias*
Thank you very much	*Muchas gracias*
Thank you very much, indeed!	*¡Muchísimas gracias!*

Y para responder:

You're welcome	*De nada*
Not(hing) at all	*De nada*
Don't mention it!	*No hay de qué*

d) EXPRESIONES ÚTILES - USEFUL EXPRESSIONS

• Cuando se solicita algo, se suele acompañar de "**please**" *(por favor)*.

Show me your card, **please**.
Muéstreme su tarjeta, por favor.

• Si no se entiende algo que nos dicen, podemos utilizar "**Excuse me?**" *(¿Cómo?)*, "**Pardon?**" *(¿Perdón?)*, o simplemente "**What?**" *(¿Qué?)*, y así pedimos que nos lo repitan.

• Para pedir disculpas por algo:
"**Sorry**" o "**I'm sorry**" *(Lo siento / perdón / disculpe)*.

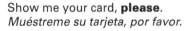

GRAMÁTICA FÁCIL

a) PRONOMBRES PERSONALES SUJETO

Los pronombres personales los usamos para sustituir a los nombres de personas, animales, cosas, lugares, etc., cuando éstos funcionan como sujeto de una oración.

Las formas singulares son:	
I (*)	*yo*
you (**)	*tú, usted*
he	*él*
she	*ella*
it (***)	*-*

(*) El pronombre "I" siempre se escribe en mayúscula.

I am a student.
Yo soy estudiante.

(**) El pronombre "you", en singular, equivale tanto a "tú" como a "usted".

You live in the USA.
{ *Tú vives en los EEUU.*

Usted vive en los EEUU.

(***) El pronombre "it" se usa para referirnos a animales, cosas o lugares. En español, este pronombre no tiene equivalente.

<u>Miami</u> is a big city. ⟶ **It** is a big city.
Miami es una gran ciudad.   *Es una gran ciudad.*

<u>Tobby</u> is a dog. ⟶ **It** is a dog.
Tobby es un perro.   *Es un perro.*

<u>John</u> is American. ⟶ **He** is American.
John es estadounidense.   *Él es estadounidense.*

<u>Sarah</u> speaks English. ⟶ **She** speaks English.
Sarah habla inglés.   *Ella habla inglés.*

Las formas plurales son:

we	*nosotros, nosotras*
you	*ustedes*
they (*)	*ellos, ellas*

(*) El pronombre "they" es la forma plural de "he", "she" e "it".

<u>John and Sarah</u> are American. ⟶ **They** are American.
John y Sarah son estadounidenses.   *Ellos son estadounidenses.*

<u>The door and the table</u> are white. ⟶ **They** are white.
La puerta y la mesa son blancas.   *Son blancas.*

b) EL VERBO "TO BE"

El verbo "to be" equivale a los verbos "ser" y "estar".
En presente, se forma de la siguiente manera:

I am	yo soy, estoy	**we are**	nosotros/as somos, estamos
you are	tú eres, estás usted es, está	**you are**	ustedes son, están
he is she is** it is**	él es, está ella es, está es, está	**they are**	ellos/as son, están

He (is) Colombian.　　He (is) at home.

Él **es** colombiano.　Él **está** en casa.

–Ser:

I am Víctor.	Yo soy Víctor.
You are a student.	Tú eres (Usted es) estudiante.
It is a chair.	Es una silla.
We are Spanish.	Nosotros somos españoles.
They are American.	Ellos son americanos.

–Estar:

I am in Miami.	Yo estoy en Miami.
She is ill.	Ella está enferma.
It is on the floor.	Está en el suelo.
You are in Mexico.	Tú estás (Usted está / Ustedes están) en México.
They are at school.	Ellos están en la escuela.

Hemos de tener en cuenta que, en español, en muchos casos no se hace uso de los pronombres personales, ya que basta el verbo para saber quién realiza la acción, pero, en inglés, dichos pronombres sí son necesarios.

(Yo) Soy mejicano. ———▶ **I** am Mexican.

(Tú) Eres Michael. ———▶ **You** are Michael.

(Nosotros) Somos altos. ——▶ **We** are tall.

(Ustedes) Están en casa. ——▶ **You** are at home.

(Un libro) Está en la mesa. ——▶ **It** is on the table.

(Ella) Es argentina. ———▶ **She** is Argentinian.

Hay algunas expresiones en las que el verbo "to be" también puede tener otros significados en español, como "tener":

You are 22 years old.	*Tú* **tienes** *(Usted* **tiene***) 22 años.*
We are lucky.	*Nosotros/as* **tenemos** *suerte.*
They are hungry.	*Ellos/as* **tienen** *hambre.*
I am thirsty.	**Tengo** *sed.*
She is in a hurry.	*Ella* **tiene** *prisa.*
He is hot and I am cold.	*Él* **tiene** *calor y yo* **tengo** *frío.*

EJERCICIOS:

1.- ¿Cuál de estas frases es incorrecta?

a) They are Brenda and John.
b) I am a student.
c) He are Mexican.
d) It is a table.

2.- Completa con la forma correcta del presente del verbo "to be".

a) My name .... Robert.
b) Linda .... tall.
c) Peter and Bill .... at school.
d) I .... thirsty.

3.- Encuentra cinco pronombres sujeto en la sopa de letras.

```
E L O P A S H U
T A R E I S W O
S A M Y B D E L
P H T O N C Z Q
V K E U H A R M
```

UNIDAD

2

EN ESTA UNIDAD ESTUDIAREMOS:

LET'S SPEAK ENGLISH:

A) SALUDOS.

B) PRESENTACIONES.

C) AGRADECIMIENTOS.

GRAMÁTICA FÁCIL:

A) CONTRACCIONES DEL VERBO "TO BE" EN PRESENTE (FORMA AFIRMATIVA).

B) PRESENTE DEL VERBO "TO BE" (PREGUNTAS).

C) ADJETIVOS POSESIVOS: MY, YOUR.

D) ADJETIVOS DEMOSTRATIVOS: THIS, THAT, THESE, THOSE.

E) ADJETIVOS CALIFICATIVOS.

SITUACIÓN: Jane invita a su amigo David a su casa.

Jane: **Hi David! How are you?**

David: **Hello! I'm fine, thanks. And you?**

Jane: **Very well thank you. Thanks for coming!**

David: That's ok. **I'm** pleased to see you!

Jane: **I'd like to introduce you to...** (She shows a photo of a baby) **This is** Laura, **my** new baby niece.

David: Wow, **she's beautiful! Is she** really **your** niece?

Jane: Yes, **she is**.

David: How old **is** she?

Jane: **She's** 3 days old.

David: Her eyes **are blue**, like yours.

Jane: Yes, and I think she'll be **tall**, like **my** brother.

(Looking outside) What**'s that** in front of the house?

David: Oh, **that's my** car!

Jane: **Is it new?**

David: Yes.

Jane: **It's very nice.** It looks **expensive**!

David: **It is**; but I love it.

Jane: Do you want some tea?

David: Yes, please.

Jane: And a cookie?

David: Mmm, yes! **I'm** a little hungry!

(After a while)

David: Well, Jane, **it's** time to go. **Thanks for inviting me!**

Jane: **You're welcome.** Then, see you soon!

David: Bye-bye!

DIÁLOGO 2:

Jane: **¡Hola, David!**
¿Cómo estás?

David: **¡Hola! Estoy bien,**
gracias. ¿Y tú?

Jane: **Muy bien, gracias.**
Gracias por venir.

David: Nada. Es un placer verte.

Jane: **Quisiera presentarte**
a...... *(Muestra la foto de un*
bebé). **Esta es** *Laura, mi* **nueva**
sobrinita.

David: ¡Caramba! **Es preciosa.**
¿Es *realmente* **tu** *sobrina?*

Jane: **Sí.**

David: ¿Qué edad **tiene?**

Jane: **Tiene** *tres días.*

David: Sus ojos **son azules**, *como*
los tuyos.

Jane: Sí, y creo que será **alta**,
como **mi** *hermano. (Mirando*
fuera) ¿Qué **es eso** *que hay*
delante de la casa?

David: ¡Ah! Es **mi** *auto.*

Jane: **¿Es nuevo?**

David: Sí.

Jane: **Es muy bonito.**
Parece **caro.**

David: **Lo es**; *pero me encanta.*

Jane: ¿Quieres un té?

David: Sí, por favor.

Jane: ¿Y unas galletas?

David: Mmm, ¡sí! **Tengo** *un poco*
de hambre.

(Tras un rato)

David: Bueno, Jane, **es** *hora de*
irme. **Gracias por invitarme.**

Jane: De nada.
Hasta pronto, entonces.

David: ¡Adiós!

Mis palabras clave

....

....

....

....

LET'S SPEAK ENGLISH

a) SALUDOS – GREETINGS

A modo de saludo, así como para preguntar por alguien, habitualmente se utiliza la expresión:

How are you?	¿Cómo estás? ¿Cómo está usted?

Y para responder podemos decir:

(I'm) Fine, thanks.	Estoy bien, gracias.
(I'm) OK, thanks.	Estoy bien, gracias.
(I'm) Very well, thank you.	Estoy muy bien, gracias.
(I'm) Great, thank you.	Estoy fenomenal, gracias.
Quite well, thank you.	Perfectamente, gracias.
(I'm) So, so.	Estoy así, así. (más o menos).

Estas expresiones suelen ir acompañadas de "**And you?**" (¿y tú/usted?) para devolver la pregunta.

- How are you?	- ¿Cómo estás tú? ¿Cómo está usted?
- Fine, thanks. And you?	- Bien, gracias. ¿Y tú/usted?

b) PRESENTACIONES – INTRODUCTIONS

• Para presentarse uno a sí mismo, se pueden utilizar distintas expresiones:

Hello, **I'm** Michael. (informal)
Hola, soy Michael.

My name is Michael. (formal)
Mi nombre es Michael.

• Para presentar a otra persona se puede decir:

Mark, **this is** Susan. (informal)
Mark, ella es Susan.

Let me introduce you to Susan. (formal)
Permítame presentarle a Susan.

I'd like to introduce you to Susan. (formal)
Me gustaría presentarle a Susan.

• Al saludarse las personas que se han presentado, suelen decir:

(It's) **Nice to meet you**. (informal)
Mucho gusto / Encantado de conocerte.

(I'm) **Pleased / Glad to meet you**. (informal)
Mucho gusto / Encantado de conocerte.

How do you do?* (formal)
Es un placer conocerle.

* Esta pregunta se responde formulando la misma pregunta.

c) AGRADECIMIENTOS – THANKING

Para agradecer a alguien alguna acción usamos la preposición **"for"** y dicha acción en **gerundio** (infinitivo + ing).

Thank you **for coming**.
Gracias por venir.

Thank you **for helping** me.
Gracias por ayudarme.

Thanks **for carrying** these parcels.
Gracias por llevar estos paquetes.

GRAMÁTICA FÁCIL

a) CONTRACCIONES DEL VERBO "TO BE" EN PRESENTE

En el capítulo anterior vimos cómo se forma el presente del verbo "to be" de forma afirmativa. A continuación vamos a ver cómo se usa de forma contraída. Para ello, unimos el verbo al sujeto y sustituimos la primera letra del verbo por un apóstrofo. Así:

I am → **I'm**	**I'm** a gardener. *Soy jardinero.*
you are → **you're**	**You're** a good student. *Tú eres un buen estudiante.*
he is → **he's**	**He's** American. *Él es estadounidense.*
she is → **she's**	**She's** really pretty. *Ella es muy linda.*
it is → **it's**	**It's** a red table. *Es una mesa roja.*
we are → **we're**	**We're** from Mexico. *Somos de México.*
you are → **you're**	**You're** at work. *Ustedes están en el trabajo.*
they are → **they're**	**They're** Alex and Eric. *Ellos son Alex y Eric.*

La forma "**is**" también puede contraerse con el sujeto cuando éste es un nombre propio.

John is at home. ⟶ **John's** at home.
John está en casa.

Brenda is your sister. ⟶ **Brenda's** your sister.
Brenda es tu hermana.

b) PREGUNTAS CON EL PRESENTE DEL VERBO "TO BE"

Para hacer preguntas con el verbo "to be", lo colocamos delante del sujeto.
De esta manera:

> <u>He</u> **is** your teacher.   *Él es tu profesor.*
>
> **Is** <u>he</u> your teacher?   *¿Es él tu profesor?*

Hemos de tener en cuenta que, al escribir, sólo se utiliza un signo de interrogación al final de la pregunta.

Is <u>she</u> an actress?   *¿Es ella actriz?*
Is <u>it</u> an expensive car?   *¿Es un auto caro?*
Are <u>we</u> happy?   *¿Estamos nosotros contentos?*
Are <u>they</u> in Miami?   *¿Están ellos en Miami?*
Are <u>you</u> Mexican?   *¿Son ustedes mejicanos?*

c) ADJETIVOS POSESIVOS: MY – YOUR (MI – TU)

Estos adjetivos indican posesión y siempre van seguidos de un nombre. En este capítulo estudiaremos los correspondientes a las dos primeras personas.

I *(yo)* ⟶ **my** *(mi, mis)*
you *(tú)* ⟶ **your** *(tu, tus)*
    (usted)   *(su, sus, de usted)*

Los adjetivos posesivos en inglés son invariables, bien se utilicen con un nombre en singular o en plural.

It's **my** <u>dog</u>.   *Es mi perro.*
They're **my** <u>dogs</u>.   *Son mis perros.*

My <u>name</u> is Tom.   *Mi nombre es Tom / Me llamo Tom.*
This is **your** <u>house</u>.   *Esta es tu casa.*
My <u>brothers</u> are James and Paul.   *Mis hermanos son James y Paul.*
Your <u>parents</u> are Dominican.   *Tus padres son dominicanos.*

d) ADJETIVOS DEMOSTRATIVOS: THIS, THAT, THESE, THOSE

Los adjetivos demostrativos acompañan a un nombre y se utilizan para mostrar la distancia entre el hablante y el objeto del que se habla.

Sus formas en singular son:

this	*este, esta, esto*
that	*ese, esa, eso, aquel, aquella, aquello*

Los adjetivos tienen la misma forma con nombres masculinos o femeninos.

This <u>man</u> is my father.	***Este*** *hombre es mi padre.*
This <u>woman</u> is my mother.	***Esta*** *mujer es mi madre.*
That <u>boy</u> is John.	***Ese/aquel*** *muchacho es John.*
That <u>girl</u> is your cousin.	***Esa/aquella*** *muchacha es tu prima.*

El demostrativo "that" puede contraerse con "is":

That is my car ⟶ **That's** my car
Ese/aquel es mi auto.

Sus formas en plural son:

these	*estos, estas*
those	*esos, esas, aquellos, aquellas*

These <u>books</u> are interesting.	***Estos*** *libros son interesantes.*
Those <u>girls</u> are Linda and Betty.	***Esas/aquellas*** *muchachas son Linda y Betty.*

e) ADJETIVOS CALIFICATIVOS

Estos adjetivos se usan para describir personas, animales, cosas, lugares, circunstancias, etc., indicando características de los mismos. Así, pueden indicar color, tamaño, procedencia, peso, aspecto, etc.

She is **tall**.	*Ella es alta.*
That girl is very **intelligent**.	*Esa muchacha es muy inteligente.*

Los adjetivos no tienen marca de género ni número, es decir, son invariables para el masculino, femenino, singular y plural.

This car is **expensive**.	*Este auto es caro.*
These cars are **expensive**.	*Estos autos son caros.*
This house is **expensive**.	*Esta casa es cara.*
These houses are **expensive**.	*Estas casas son caras.*

Cuando los adjetivos acompañan a un nombre, se colocan delante de él.

It's a **difficult** <u>exercise</u>.	*Es un ejercicio difícil.*
They are **good** <u>students</u>.	*Ellos/as son buenos/as estudiantes.*
That **slim** <u>boy</u> is my brother.	*Ese muchacho delgado es mi hermano.*

Los adjetivos también pueden llevar delante palabras que los intensifican. La más común es "**very**" *(muy)*.

That film is **very** boring.	*Esa película es muy aburrida.*
This is **very** easy.	*Esto es muy fácil.*

EJERCICIOS:

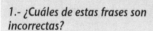

1.- ¿Cuáles de estas frases son incorrectas?

a) These is my books.
b) Is that your cell phone?
c) Those are my photos.
d) Are these my house?
e) This is your car.

2.- Usa la forma correcta del presente del verbo "to be", utilizando las contracciones siempre que sea posible.

a) She .... in the garden.
b) I ...... George.
c) Bob and I .... friends.
d) He .... a teacher.
e) We .... hungry.

3.- Relaciona con flechas (en algunos casos hay más de una respuesta correcta):

a) Am	Mexican?
b) Are we	a cat?
c) Is	in Italy?
d) Is she	I a student?
e) Is it	students?
f) Are	he Michael?
g) Are you	you thirsty?

UNIDAD

3

EN ESTA UNIDAD ESTUDIAREMOS:

LET'S SPEAK ENGLISH:

A) SALUDOS Y DESPEDIDAS.

B) INVITACIONES.

C) SUGERENCIAS.

D) PAÍSES, NACIONALIDADES E IDIOMAS.

GRAMÁTICA FÁCIL:

A) PRESENTE DEL VERBO "TO BE" (FORMA NEGATIVA). CONTRACCIONES.

B) EL GERUNDIO.

C) EL PRESENTE CONTINUO.

D) PRONOMBRES PERSONALES OBJETO.

SITUACIÓN: John llega a casa de su hermana Sarah y hablan sobre sus asuntos recientes.

Sarah: **Hi, John! Come on in! How are things?**

John: **Great, thanks! And you?**

Sarah: **Fine, thank you. Let's** sit down. Well, tell **me** about you.

John: Well, at the moment a friend **is staying** at home with **me**. **He's from France** and speaks **French**, **English** and **Spanish**.

Sarah: Wow! **Are you practicing** your **French** with **him**?

John: Not a lot. His **English** is excellent and my **French isn't** very good.

Sarah: **Are you showing him** the city?

John: Yes. Today **we're going** to see the cathedral and the museum. Tomorrow **we're going** to the movies.

Sarah: That's great! But the museum **isn't** very nice.

John: Are you kidding? It's interesting!

Sarah: And **are you making him** typical meals?

John: Well, **I'm not** very good at **cooking**. Today **we're going** to eat out.

Sarah: **Let's** have dinner at my house on Sunday!

John: That sounds wonderful! Thanks a lot, Sarah!

Sarah: Don't mention it.

John: And what's your news?

Sarah: Well, **I'm studying Spanish** in the evenings, and **I'm taking** aerobics classes, too. I'm very busy.

John: **I'm trying** to learn **Spanish** as well, but **I'm not** a very good student! **Let's** study together.

Sarah: Ok.

John: Well, I'd better go now. **Till next time!**

Sarah: **Have a nice day** with your friend! Bye!

DIÁLOGO 3:

Sarah: ¡Hola, John! ¡Pasa! ¿Cómo van las cosas?

John: Perfectamente, gracias. ¿Y a ti?

Sarah: Bien, gracias. Sentémonos. Bueno, cuéntame de ti.

John: Bien, en este momento un amigo se está quedando en casa conmigo. Él es de Francia y habla francés, inglés y español.

Sarah: Muy bien. ¿Estás practicando tu francés con él?

John: No mucho. Su inglés es excelente y mi francés no es muy bueno.

Sarah: ¿Le estás mostrando la ciudad?

John: Sí. Hoy vamos a ver la catedral y el museo. Mañana vamos al cine.

Sarah: ¡Muy bien! Pero el museo no es muy bonito.

John: ¿Bromeas? Es interesante.

Sarah: ¿Y le estás haciendo comida típica?

John: Bueno, no soy muy bueno cocinando. Hoy vamos a comer fuera.

Sarah: ¡Pues cenemos en mi casa el sábado!

John: Suena maravilloso. ¡Muchas gracias, Sarah!

Sarah: No hay de qué.

John: ¿Y qué hay de ti?

Sarah: Bueno, estoy estudiando español por las tardes y tomando clases de aerobic también. Estoy muy ocupada.

John: Yo estoy intentando aprender español también, pero no soy un estudiante muy bueno. Estudiemos juntos.

Sarah: De acuerdo.

John: Bueno, me debería ir ahora. ¡Hasta la próxima!

Sarah: ¡Que pases un buen día con tu amigo! ¡Adiós!

Mis palabras clave

LET'S SPEAK ENGLISH

a) SALUDOS – GREETINGS

En los capítulos anteriores hemos estudiado distintas formas de saludos. En éste, vamos a aprender más maneras de saludar y despedirse.

Al saludarse:

How are you doing?	*¿Cómo estás?*
How is it going?	*¿Cómo va todo? / ¿Qué tal?*
How are things?	*¿Cómo van las cosas?*
What's up?	*Hola / ¿Qué tal? / ¿Qué pasa?*
Are you all right?	*¿Todo bien?*

Y podemos responder:

(I'm doing) well, thanks.	*Bien, gracias.*
(It's going) ok, thank you.	*Bien, gracias.*
Fine, thank you.	*Bien, gracias.*
Great! Thank you.	*¡Fenomenal! Gracias.*

Para despedirse, además de las formas ya aprendidas, encontramos:

Have a nice day!	*¡Que tengas un buen día!*
Have a nice weekend!	*¡Que pases un buen fin de semana!*
Till next time!	*¡Hasta la próxima!*

b) INVITACIONES – INVITATIONS

Al invitar a alguien a pasar a casa, se pueden utilizar estas expresiones:

Come in, please!
Come on in, please! } *Pasa/pase, por favor.*

c) SUGERENCIAS – SUGGESTIONS

Existen varias maneras de expresar sugerencias en inglés. En esta ocasión veremos el uso de "**let's + infinitivo**". En este tipo de sugerencias, el hablante tomará parte en las mismas.

To go (ir) ⟶ **Let's** go to the movies. *Vayamos al cine.*

To buy (comprar) ⟶ **Let's** buy the newspaper. *Compremos el diario.*

To speak (hablar) ⟶ **Let's** speak English! *¡Hablemos inglés!*

d) PAÍSES, NACIONALIDADES E IDIOMAS COUNTRIES, NATIONALITIES AND LANGUAGES

Los países, nacionalidades e idiomas siempre se escriben con letra mayúscula.

Countries (países)	Nationalities (nacionalidades)	Languages (idiomas)
The United States	American	English
England	English	English
Canada	Canadian	English/French
Australia	Australian	English
Mexico	Mexican	Spanish
Colombia	Colombian	Spanish
Venezuela	Venezuelan	Spanish
Dominican Republic	Dominican	Spanish
Cuba	Cuban	Spanish
Argentina	Argentinian	Spanish
Spain	Spanish	Spanish
Brazil	Brazilian	Portuguese
Germany	German	German
France	French	French
Italy	Italian	Italian
Japan	Japanese	Japanese
China	Chinese	Chinese

Para indicar **procedencia** usamos la preposición "**from**" *(de, desde)*:

I'm **from Mexico**. I'm **Mexican**. *Soy de México. Soy mejicano.*
He's **from Australia**. He's **Australian**. *Él es de Australia. Es australiano.*
We're **from the United States**. *Somos de EEUU.*
We speak **English**. *Hablamos inglés.*

GRAMÁTICA FÁCIL

a) PRESENTE DEL VERBO "TO BE" (FORMA NEGATIVA). CONTRACCIONES

Para expresar el verbo "to be" en frases negativas, añadimos "**not**" después del verbo. Es muy común el uso de las contracciones, que, en este caso, se pueden realizar de dos maneras, excepto para la primera persona:

I **am not** ➝ I**'m not**		yo no soy/estoy
you **are not** ➝ you**'re not** - you **aren't**		tú no eres/estás
		usted no es/está
he **is not** ➝ he**'s not** - he **isn't**		él no es/está
she **is not** ➝ she**'s not** - she **isn't**		ella no es/está
it **is not** ➝ it**'s not** - it **isn't**		no es/está
we **are not** ➝ we**'re not** - we **aren't**		nosotros/as no somos/estamos
you **are not** ➝ you**'re not** - you **aren't**		ustedes no son/están
they **are not** ➝ they**'re not** - they **aren't**		ellos/as no son/están

I**'m not** Italian.	*No soy italiano.*
You **aren't** a teacher.	*Usted no es profesor.*
He**'s not** tired.	*Él no está cansado.*
She **isn't** Margaret.	*Ella no es Margaret.*
It **isn't** my house.	*No es mi casa.*
We **aren't** Brazilian.	*No somos brasileños.*
You**'re not** happy.	*Ustedes no son felices.*
They **aren't** here.	*Ellos no están aquí.*

b) EL GERUNDIO

El gerundio tiene distintas funciones en inglés. Una de ellas es que forma parte de los tiempos continuos. Equivale en español a las formas acabadas en "-ando" e "-iendo"(saltando, corriendo).
Se forma añadiendo "**ing**" al infinitivo del verbo (**infinitivo + ing**), aunque a veces se producen ligeros cambios, que pasamos a ver.

- La regla general es "infinitivo + ing":
  work + ing = working (trabajar → trabajando)

- Si el infinitivo acaba en "e" muda, ésta desaparece al añadir "ing":
  live + ing = living (vivir → viviendo)

- Si el infinitivo acaba en "e" sonora, ésta no desaparece:
  see + ing = seeing (ver → viendo)

- Si el infinitivo acaba en "ie", estas vocales cambian a "y":
  lie + ing = lying (mentir → mintiendo)

- Si el infinitivo acaba en "y", ésta permanece y se añade "ing":
  study + ing = studying (estudiar → estudiando)

- Si el infinitivo acaba en la sucesión "consonante-vocal-consonante" y la última sílaba es la acentuada, la última consonante se duplica antes de añadir "ing": **begin + ing = beginning** (comenzar → comenzando)

A continuación veremos el uso del gerundio en el presente continuo y, más adelante, trataremos otras funciones del mismo.

c) EL PRESENTE CONTINUO

Se forma con **el presente del verbo "to be"** y el **gerundio** del verbo que se trate. Sus formas afirmativa, negativa e interrogativa son:

[To eat: comer]

afirmativa	negativa	interrogativa
I am eating	**I'm not eating**	**Am I eating?**
You are eating	**You aren't eating**	**Are you eating?**
He is eating	**He isn't eating**	**Is he eating?**
She is eating	**She isn't eating**	**Is she eating?**
It is eating	**It isn't eating**	**Is it eating?**
We are eating	**We aren't eating**	**Are we eating?**
You are eating	**You aren't eating**	**Are you eating?**
They are eating	**They aren't eating**	**Are they eating?**
Yo estoy comiendo	Yo no estoy comiendo	¿Estoy comiendo?
Tú estás comiendo	Tú no estás comiendo	¿Estás comiendo?
Él está comiendo	Él no está comiendo	¿Está él comiendo?
Ella está comiendo	Ella no está comiendo	¿Está ella comiendo?
Está comiendo	No está comiendo	¿Está comiendo?
Nosotros estamos comiendo	No estamos comiendo	¿Estamos comiendo?
Ustedes están comiendo	Ustedes no están comiendo	¿Están ustedes comiendo?
Ellos están comiendo	Ellos no están comiendo	¿Están ellos comiendo?

• El presente continuo indica una acción que está ocurriendo en el momento en que se habla.

I am speaking to you.	*Estoy hablando contigo.*
Is she phoning a friend now?	*¿Está ella llamando a una amiga ahora?*
The cat is eating.	*El gato está comiendo.*
It isn't raining.	*No está lloviendo.*

• También indica una acción que transcurre en un momento cercano al actual, aunque no sea en el momento preciso de hablar.

He's reading "War and Peace".
Él está leyendo "Guerra y Paz".

We're studying French.
Estamos estudiando francés.

• El presente continuo también se utiliza para expresar futuro, pero este apartado se tratará más adelante.

d) PRONOMBRES PERSONALES OBJETO

Al tratarse de ponombres, sustituyen a nombres, pero, a diferencia de los pronombres personales sujeto, los pronombres objeto no realizan la acción, sino que la reciben.

Pronombres sujeto (preceden al verbo)	Pronombres objeto (siguen al verbo)	
I ⟶	**me**	*(me, a mí)*
you ⟶	**you**	*(te, a ti, le, lo, la, a usted)*
he ⟶	**him**	*(le, lo, a él)*
she ⟶	**her**	*(le, la, a ella)*
it ⟶	**it**	*(le, lo, a ello)*
we ⟶	**us**	*(nos, a nosotros/as)*
you ⟶	**you**	*(les, los, las, a ustedes)*
they ⟶	**them**	*(les, los, las, a ellos/as)*

Podemos ver que tres pronombres tienen la misma forma, bien sean sujeto u objeto [you (singular), it, you (plural)].

Los pronombres personales objeto se colocan:

- Tras el verbo:

She is <u>helping</u> **me**.	*Ella me está ayudando.*
I am <u>loving</u> **you**.	*Te estoy amando.*
They are <u>giving</u> **him** a book.	*Ellos le están dando un libro (a él).*
You are <u>teaching</u> **us** English.	*Tú nos estás enseñando inglés.*

- Tras una preposición:

He's looking <u>at</u> **us**.	*Él está mirándonos.*
They are going to the cinema <u>with</u> **her**.	*Ellos van al cine con ella.*
This present is <u>for</u> **you**.	*Este regalo es para ti (usted).*

EJERCICIOS:

1.- Elige la palabra adecuada:

a) He { aren't / are / isn't } studying history.

b) I am { doing / do / ding } an exercise.

c) Are you { visitting / visiting / visit } the museum?

d) They are { phoning / phoneing / phone } John

e) Is she { work / workking / working } in Los Angeles?

2.- ¿Cuáles de estas frases son correctas?

a) They are reading the newspaper.
b) She isn't studing English.
c) Am I eatting a sandwich?
d) You aren't going to the movies.
e) Is it raining?

3.- Completa los espacios en blanco con pronombres objeto.

a) I am helping John.
   I am helping ......

b) He is giving Mary a pencil.
   He is giving .... a pencil.

c) I like chocolate.
   I like ....

d) This present is for you and your parents.
   This present is for ....

e) I am living with Brenda and Peter.
   I am living with ....

UNIDAD

4

EN ESTA UNIDAD ESTUDIAREMOS:

SITUACIÓN: Mike tiene una charla con su compañera de trabajo, Linda, sobre sus familias.

Mike: Have you got a **brother** or **sister**, Linda?

Linda: Yes, **I've got two brothers** and **one sister**.

Mike: Do they **look like** you?

Linda: My sister looks like me, but **my brothers have got dark hair** and **brown eyes.** They **look like my father.**

Mike: And what does your mother look like?

Linda: She's got long blond hair and **blue eyes, like** me.

Mike: How old are your brothers and sister?

Linda: My sister is twenty-eight years old, and **my brothers are thirty and thirty-five. My brothers** are **funny** and **extroverted**, but **my sister** is **shy** and **quiet**.

Mike: Well, **I'm like my father. My face** is **long**, like his. **He's sixty-three years old** and he's very **tall** and **thin**.

Linda: Are you **like your mother?**

Mike: Yes. I'm **talkative like her,** but she's **blonde** and I'm **dark**.

Linda: I'm **like my grandmother**. She's **cheerful** and **absent-minded, like** me. **My grandfather** is **quiet** and **intelligent**.

Mike: How old are you, Linda?

Linda: I'm thirty-six years old. And you?

Mike: I'm thirty-one.

Linda: Have you got a pet?

Mike: Yes, **I've got a** cat. It's very **fat. It looks like me!**

Linda: You're not **fat**!

Mike: Ha, ha. Thanks, Linda!

Linda: I've got a dog and **a** goldfish. I like animals.

Mike: Me, too. **My cat is three years old. How old is your dog?**

Linda: "Rusty" is **only eight months old**. He's very **young**.

DIÁLOGO 4:

Mike: **¿Tienes algún hermano** o **hermana**, Linda?

Linda: Sí, **tengo dos hermanos y una hermana.**

Mike: ¿Se **parecen** a ti?

Linda: **Mi hermana se parece** a mí, pero **mis hermanos tienen el cabello oscuro** y **los ojos marrones.** Ellos **se parecen a mi padre.**

Mike: ¿Y **cómo es tu madre?**

Linda: **Ella tiene el cabello rubio** y **los ojos azules,** como yo.

Mike: **¿Qué edad tienen tus hermanos y tu hermana?**

Linda: **Mi hermana tiene veintiocho años** y **mis hermanos tienen treinta** y **treinta y cinco. Mis hermanos** son **divertidos** y **extrovertidos,** pero **mi hermana es tímida** y **callada.**

Mike: Bueno, **yo soy como mi padre. Mi cara es alargada,** como la suya. **Él tiene sesenta y tres años** y es muy **alto** y **delgado.**

Linda: ¿**Te pareces a tu madre?**

Mike: Sí, **soy hablador como ella**, pero ella es **rubia** y yo soy **moreno.**

Linda: **Yo soy como mi abuela.** Ella es **alegre** y **distraída,** como yo. **Mi abuelo es tranquilo** e **inteligente.**

Mike: **¿Qué edad tienes,** Linda?

Linda: **Tengo treinta y seis años.** ¿Y tú?

Mike: **Tengo treinta y uno.**

Linda: ¿**Tienes** mascota?

Mike: Sí, **tengo un** gato. Está muy **gordo. ¡Se me parece!**

Linda: ¡No estás **gordo!**

Mike: Ja, ja. Gracias, Linda.

Linda: Yo **tengo un** perro y **un** pez. Me gustan los animales.

Mike: A mí, también. **Mi gato tiene tres años.** ¿Qué edad tiene tu perro?

Linda: "Rusty" tiene sólo ocho meses. Es muy joven.

Mis palabras clave

LET'S SPEAK ENGLISH

a) VOCABULARY: LA FAMILIA – THE FAMILY. MY FAMILY TREE

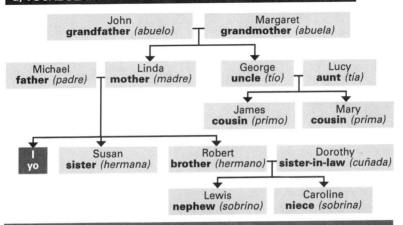

John
grandfather *(abuelo)*

Margaret
grandmother *(abuela)*

Michael
father *(padre)*

Linda
mother *(madre)*

George
uncle *(tío)*

Lucy
aunt *(tía)*

James
cousin *(primo)*

Mary
cousin *(prima)*

I
yo

Susan
sister *(hermana)*

Robert
brother *(hermano)*

Dorothy
sister-in-law *(cuñada)*

Lewis
nephew *(sobrino)*

Caroline
niece *(sobrina)*

Hay más términos relacionados con la familia:

parents: *padres*
son: *hijo*
grandparents: *abuelos*
husband: *esposo*
brother-in-law: *cuñado*
father-in-law: *suegro*
boyfriend: *novio*

children: *hijos*
daughter: *hija*
grandchildren: *nietos*
wife: *esposa*
sister-in-law: *cuñada*
mother-in-law: *suegra*
girlfriend: *novia*

b) DESCRIPCIÓN DE LA CARA

A continuación estudiaremos el vocabulario relativo a las partes de la cara y algunos adjetivos para su descripción.

face: *cara*
hair: *cabello, pelo*
forehead: *frente*
eyebrow: *ceja*
eyelashes: *pestañas*
nose: *nariz*

eye: *ojo*
ear: *oreja*
cheek: *mejilla*
mouth: *boca*
lips: *labios*
teeth: *dientes* (**tooth:** *diente*)
chin: *mentón, barbilla*

Al hablar sobre el cabello es frecuente usar algunos de los siguientes adjetivos:

- color: **black** (negro), **dark** (oscuro), **brown** (castaño), **blond/fair** (rubio), **red** (pelirrojo).
- forma: **straight** (liso, lacio), **curly** (enrulado, rizado), **wavy** (ondulado).
- tamaño: **long** (largo), **short** (corto).

Si hablamos de los ojos, éstos pueden ser:

- color: **brown** (marrones), **blue** (azules), **green** (verdes), **black** (negros).
- tamaño: **big** (grandes), **small** (pequeños).

Cuando usemos varios de estos adjetivos en una frase, el orden de dichos adjetivos será "tamaño – forma – color":

She has **long, curly, blond** hair.
Ella tiene el pelo largo, enrulado y rubio.

I have **small, brown** eyes. *Tengo los ojos pequeños y marrones.*

c) NÚMEROS DEL 1 AL 50

1 one	**11** eleven	**21** twenty-one
2 two	**12** twelve	**22** twenty-two
3 three	**13** thirteen	**23** twenty-three
4 four	**14** fourteen	**24** twenty-four
5 five	**15** fifteen	**30** thirty
6 six	**16** sixteen	**31** thirty-one
7 seven	**17** seventeen	**37** thirty-seven
8 eight	**18** eighteen	**40** forty
9 nine	**19** nineteen	**49** forty-nine
10 ten	**20** twenty	**50** fifty

A partir del número 21, entre las decenas y las unidades aparece un guión.

d) PREGUNTAR Y RESPONDER ACERCA DE LA EDAD

- Para preguntar la edad de alguien usamos "**how old?**" (¿qué edad?) y el **verbo "to be"**:

How old <u>are</u> you? *¿Qué edad tienes?*
How old <u>is</u> your mother? *¿Qué edad tiene tu madre?*

- Para responder:

I <u>am</u> twenty-seven (years old). *Tengo 27 años.*
My mother <u>is</u> fifty-nine (years old). *Mi madre tiene 59 años.*

Vimos al final del capítulo 1 que el verbo "to be" podía equivaler a "tener" en algunas expresiones, como ocurre en este caso, al hablar sobre la edad.

GRAMÁTICA FÁCIL

a) EL ARTÍCULO INDETERMINADO "A / AN" (UN, UNA)

• Se utiliza delante de un nombre contable en singular cuando nos refiramos a él por primera vez:

This is **a** book.   *Esto es un libro.*
He is **a** boy.   *Es un muchacho.*

•También se usa al hablar de profesiones u ocupaciones (cuando el sujeto sea singular):

She is **a** teacher.   *Ella es profesora.*
I'm **a** student.   *Soy estudiante.*

• En muchos casos equivale a "one" (uno):

I have **a** car.   *Tengo un auto.*

• Se utiliza "**a**" delante de palabras que comienzan por consonante (sonido consonántico):

It is **a** dog.   *Es un perro.*
They have **a** big house.   *Ellos tienen una casa grande.*

• Se utiliza "**an**" delante de palabras que comiencen por vocal (sonido vocálico) o "h" muda.

It is **an** egg.   Es un huevo.
He is **an** architect.   Él es arquitecto.
I exercise for **an** hour.   Hago ejercicio durante una hora.

b) PRESENTE DEL VERBO "TO HAVE" *(TENER, HABER).* "HAVE" Y "HAVE GOT" (I)

Por el momento, vamos a considerar a "to have" como "tener".

La forma afirmativa del presente del verbo "to have" es:

I **have**	*yo tengo*	we **have**	*nosotros/as tenemos*
you **have**	*tú tienes / usted tiene*	you **have**	*ustedes tienen*
he **has**	*él tiene*		
she **has**	*ella tiene*	they **have**	*ellos/as tienen*
it **has**	*tiene*		

Podemos ver que el verbo (**have**) es igual para todas las personas, excepto para la tercera del singular (he, she, it), que es "**has**".

I **have** a brother and a sister.	*Tengo un hermano y una hermana.*
She **has** an old car.	*Ella tiene un auto antiguo.*
They **have** a pet.	*Ellos tienen una mascota.*

Los verbos "**to have**" y "**to have got**" son sinónimos. Así, podemos decir:

We **have** a small apartment.
We **have got** a small apartment. } *Tenemos un apartamento pequeño.*

He **has** big, black eyes.
He **has got** big, black eyes. } *Él tiene los ojos grandes y negros.*

• En la forma afirmativa hay una pequeña diferencia entre ellos: "to have" no se puede contraer con el sujeto pero "to have got", sí. Las contracciones son "**'ve got**" (have got) y "**'s got**" (has got).

We**'ve got** a small apartment.
He**'s got** big, black eyes.

En este punto hay que tener cuidado de no confundir la contracción de "is" con la de "has (got)", ya que ambas son iguales: "'s".

He**'s** a good athlete. (is) } *Él es un buen atleta.*
He**'s** got a camera. (has) } *Él tiene una cámara.*

• Las negaciones y preguntas también son un poco diferentes:

I **don't have** a racing car.
I **haven't got** a racing car. } *Yo no tengo un auto de carreras.*

She **doesn't have** a good computer.
She **hasn't got** a good computer. } *Ella no tiene una buena computadora.*

Do you **have** a credit card?
Have you **got** a credit card? } *¿Tienes tarjeta de crédito?*

Does he **have** a sister?
Has he **got** a sister? } *¿Tiene él una hermana?*

c) ADJETIVOS POSESIVOS

Como ya indicamos en el capítulo 2, estos adjetivos indican posesión y siempre acompañan a un nombre. En dicho capítulo estudiamos sólo dos de ellos (my, your), pero a continuación los trataremos todos.

my	*mi, mis*	**our**	*nuestro/a/os/as*
your	*tu, tus, su, sus (de usted)*	**your**	*su, sus (de ustedes)*
his	*su, sus (de él)*		
her	*su, sus (de ella)*	**their**	*su, sus (de ellos/as)*
its	*su, sus (de ello)*		

That's **your** coat.   *Ése es tu abrigo.*
Mary isn't **his** cousin.   *Mary no es su prima (de él).*
Her name is Susan.   *Su nombre (de ella) es Susan*
Is this **our** classroom?   *¿Es ésta nuestra clase?*
Michael is **their** son.   *Michael es su hijo (de ellos)*

d) LOS VERBOS "TO BE LIKE" Y "TO LOOK LIKE"

Estos dos verbos significan "parecerse a / ser como", pero "to be like" se refiere a la personalidad o al carácter, mientras que "to look like" se refiere al parecido físico.

She **is like** her mother: shy and quiet.
Ella es como su madre: tímida y callada.

We **look like** our grandfather.
Nos parecemos físicamente a nuestro abuelo.

e) ADJETIVOS RELATIVOS A LA PERSONALIDAD Y AL ASPECTO FÍSICO

Personalidad	
shy	tímido
extroverted	extrovertido
quiet	callado, tranquilo
talkative	hablador
nice	simpático, agradable
funny	divertido
intelligent	inteligente
cheerful	alegre

Aspecto físico	
tall	alto
short	bajo
thin, slim	delgado
fat, overweight	gordo
handsome	bello (hombre)
pretty	bella (mujer)
ugly	feo
absent-minded	distraído

They are very **talkative**.　*Ellos son muy habladores.*

She looks like me. We are **tall** and **thin**.
Ella se parece a mí. Somos altas y delgadas.

William is very **funny**.　*William es muy divertido.*

Brenda is **pretty** but she isn't **extroverted**.
Brenda es linda pero no es extrovertida.

EJERCICIOS:

1.- Completa en número o en letra:
a) 36: ....
b) ....: twenty-eight
c) 12: ....
d) ....: forty-nine
e) 34: ....
f) 21: ....
g) ....: sixteen
h) 40: ....
i) 14: ....
j) ....: eleven

2.- Brenda está preparando la cena del Día de Acción de Gracias. Adivina cuántas personas van a comer, sabiendo que asistirán: a grandfather, a grandmother, two fathers, two mothers, three children, two sons, a daughter, two grandchildren, a brother, a sister, a father-in-law and a mother-in-law.
(Nota: Algunos de estos miembros aparecen más de una vez en esta lista, ya que, después de todo, un padre también es un hijo, etc).

3.- ¿Cuáles de estas partes del cuerpo no se encuentran en la cara?
a) the legs
b) the eyebrows
c) the mouth
d) the nose
e) the shoulders

4.- Rellena los espacios con el adjetivo posesivo correspondiente, que concuerde con el sujeto.

a) I live with .... boyfriend.
b) We have a big picture in .... house.
c) Lina or Linda? What's .... name?
d) The dog has .... toys.

UNIDAD

5

EN ESTA UNIDAD ESTUDIAREMOS:

LET'S SPEAK ENGLISH:

A) PREGUNTAR Y RESPONDER SOBRE EL TRABAJO.

B) EXPRESIONES AL RECIBIR INVITADOS.

GRAMÁTICA FÁCIL:

A) EL PRESENTE SIMPLE.

B) ADVERBIOS DE FRECUENCIA.

C) PRONOMBRES INTERROGATIVOS.

SITUACIÓN: Bill es un amigo de Mark, el marido de Mary, y es el primero en llegar a la fiesta que éstos celebran en su casa.

Mary: Hello! You must be Bill. **Come in, please. Can I take your coat?**

Bill: Yes, please. It's nice to meet you, Mary. Mark **talks** a lot about you.

Mary: Mark is at the supermarket buying some wine. He'll be back soon. **Help yourself** to a drink. There's beer or fruit juice.

Bill: I **think** I'll have a beer. So tell me, **what's your job?**

Mary: **I'm a** primary school teacher. It's good because I **like** children. **Do you like** children?

Bill: Yes, but I **don't think** I could be **a** teacher. By the way, Mary, this is a lovely place.

Mary: Come on, **I'll show you around the house.** This is the living room.

Bill: What beautiful pictures! Who is the artist?

Mary: My brother. He **usually paints** on weekends. He **sells** his paintings in a gallery, but **sometimes** he **gives** them to us.

Bill: Do you paint as well?

Mary: No, I **don't like** painting, but I **sometimes play** the piano.

Bill: How interesting! And, is this your bedroom?

Mary: Yes, it is.

Bill: What a lovely view!

Mary: Yes. We **always see** the park and the trees when we **wake up.** It's nice. Where do you live, Bill?

Bill: I live downtown, but I **don't like** it very much. It's very noisy.

Mary: Yes, it's very quiet here.

Bill: What a lovely house, Mary! You're very lucky.

Mary: Thank you very much Bill. Let's sit down and have a drink before the other guests arrive.

Bill: Do you **want** me to help you with the food?

Mary: Well... Yes, please! Let's go to the kitchen then.

DIÁLOGO 5:

Mary: Hola. Debes ser Bill. **Pasa, por favor. ¿Me puedes dar tu abrigo?**

Bill: Sí, por favor. Encantado de conocerte, Mary. Mark **habla** mucho de ti.

Mary: Mark **está** en el supermercado, comprando vino. Volverá pronto. **¡Sírvete** una bebida! Hay cerveza o jugo de frutas.

Bill: Creo que tomaré una cerveza. Dime, **¿a qué te dedicas?**

Mary: Soy profesora de una escuela primaria. Está bien porque **me gustan** los niños. **¿Te gustan** los niños a ti?

Bill: Sí, pero **no creo** que pudiera ser profesor. Por cierto, Mary, este es un lugar encantador.

Mary: Vamos, **te enseñaré la casa**. Éste es el salón.

Bill: ¡Qué cuadros tan bonitos! ¿Quién es el artista?

Mary: Mi hermano. Él **normalmente pinta** los fines de semana. **Vende** sus pinturas en una galería, pero, **a veces**, nos las **da**.

Bill: ¿Pintas tú también?

Mary: No, **no me gusta** la pintura, pero **a veces toco** el piano.

Bill: ¡Qué interesante! Y, ¿es éste vuestro dormitorio?

Mary: Sí.

Bill: ¡Qué vista tan bonita!

Mary: Sí, **siempre vemos** el parque y los árboles cuando nos **despertamos**. Es bonito. **¿Dónde** vives tú, Bill?

Bill: Vivo en el centro de la ciudad, pero **no me gusta** mucho. Hay mucho ruido.

Mary: Sí, aquí esto es muy tranquilo.

Bill: ¡Qué casa tan bonita, Mary! Tenéis mucha suerte.

Mary: Muchas gracias, Bill. Sentémonos y bebamos algo antes de que lleguen los otros invitados.

Bill: ¿Quieres que te ayude con la comida?

Mary: Bueno... ¡Sí, por favor! Vayamos entonces a la cocina.

Mis palabras clave

....

....

....

....

LET'S SPEAK ENGLISH

a) PREGUNTAR Y RESPONDER SOBRE EL TRABAJO

Para preguntar a alguien cuál es su trabajo, podemos utilizar:

What is your job?
What's your job? } *¿Cuál es tu trabajo?*

What do you do? *¿Qué haces?, ¿A qué te dedicas?*

Y a ambas preguntas se le puede responder: **"I am a + profesión"**.

I am a student (teacher, painter, ...)
Soy estudiante (profesor, pintor, ...)

Recuerda que al hablar de profesiones u ocupaciones hay que colocar el artículo "a / an" delante de la profesión, siempre que el sujeto sea una sola persona. Este artículo no se traduce en español.

What's your job? I'm **a** designer.
¿Cuál es tu trabajo? Soy diseñador.

What's her job? She's **an** artist.
¿Cuál es su trabajo? Ella es artista.

Pero este artículo no aparece cuando el sujeto es plural:

What's their job? They are carpenters.
¿Cuál es su trabajo (de ellos)? Ellos son carpinteros.

b) EXPRESIONES AL RECIBIR INVITADOS

Al recibir invitados en casa podemos utilizar distintas expresiones:

• Al recibirlos:

Welcome to my home!	*¡Bienvenido/s a mi casa!*
Come in, please!	*¡Pase/n, por favor!*
Can I take your coat?	*¿Pueden darme sus abrigos?*
Let me take your umbrellas.	*Permítanme sus paraguas.*

• Al invitarlos a que se sirvan comida o bebida:

Si es una persona:
Help yourself! *¡Sírvete! / ¡Sírvase! (usted)*

Si son varias personas:
Help yourselves! *¡Sírvanse! (ustedes)*

Si añadimos la comida o bebida, aparece **"to"**:
Help yourselves to a drink, please.
Sírvanse algo para beber, por favor.

• Para mostrarles la vivienda:

I'll show you around the house. (informal)
Te mostraré la casa.

Let me show you around the house. (formal)
Permítanme mostrarle la casa.

Los invitados pueden corresponder con expresiones como éstas:

¡Qué + nombre + más / tan + adjetivo!

What   a/an + adjetivo + nombre!

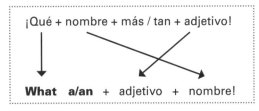

What a lovely house!	*¡Qué casa más bonita!*
What a nice view!	*¡Qué vista tan bella!*
What an expensive vase!	*¡Qué jarrón tan caro!*

Pero si el nombre es plural, no aparece el artículo "a(n)".

What big rooms!	*¡Qué habitaciones tan grandes!*
What beautiful pictures!	*¡Qué cuadros tan bonitos!*

GRAMÁTICA FÁCIL

a) EL PRESENTE SIMPLE

Ya hemos estudiado el presente simple del verbo "to be" para situaciones o estados y del verbo "to have" para posesiones.

My uncle **is** a teacher.	*Mi tío es profesor.*
They **have** two children.	*Ellos tienen dos hijos.*

A continuación veremos que el **presente simple** de los verbos se usa para expresar **acciones habituales o rutinarias**.

• En frases afirmativas, se forma con el **infinitivo** del verbo (sin "to"), que es invariable para todas las personas, excepto para la 3ª persona del singular (he, she, it), donde se añade una "**s**". Así:

[To eat: *comer*]

I	**eat**	*yo como*	we	**eat**	*nosotros/as comemos*
you	**eat**	*tú comes, usted come*	you	**eat**	*ustedes comen*
he	**eats**	*él come*			
she	**eats**	*ella come*	they	**eat**	*ellos/as comen*
it	**eats**	*come*			

We **eat** a lot of fish.	*Nosotros comemos mucho pescado.*
She **lives** in New Mexico.	*Ella vive en Nuevo México.*
I **play** basketball.	*Yo juego al baloncesto.*
He **works** from Monday to Friday.	*Él trabaja de lunes a viernes.*
The dog **drinks** a lot of water.	*El perro bebe mucha agua.*
They **study** English.	*Ellos estudian inglés.*

• En frases negativas se utiliza el auxiliar "**don't**" delante del **infinitivo** para todas las personas, excepto para la 3ª persona del singular (he, she, it), que se usa "**doesn't**". En este último caso, el infinitivo no añade "s". Tanto "don't" como "doesn't" equivalen a "no" en español.

I **don't like** wine.	*No me gusta el vino.*
You **don't live** in Spain.	*Tú no vives en España.*
He **doesn't play** the piano.	*Él no toca el piano.*
She **doesn't get** up at seven.	*Ella no se levanta a las siete.*
The machine **doesn't work** properly.	*La máquina no funciona correctamente.*
We **don't study** German.	*No estudiamos alemán.*
You **don't do** exercise.	*Ustedes no hacen ejercicio.*
They **don't work** in Miami.	*Ellos no trabajan en Miami.*

• En preguntas, se coloca el auxiliar "**do**" delante del sujeto, o "**does**" si es 3ª persona del singular (he, she, it), y el **verbo en infinitivo**. En este caso, ni "do" ni "does" tienen traducción en español, sino que son la marca de pregunta.

Do I **spend** a lot of money?	*¿Gasto mucho dinero?*
Do you **understand**?	*¿Comprendes?*
Does he **have** a blue car?	*¿Tiene él un auto azul?*
Does she **like** vegetables?	*¿Le gustan los vegetales (a ella)?*
Does it **rain** in winter?	*¿Llueve en invierno?*
Do we **go** to bed late?	*¿Nos vamos a la cama tarde?*
Do you **speak** French?	*¿Hablan ustedes francés?*
Do they **watch** television?	*¿Ven ellos la televisión?*

b) ADVERBIOS DE FRECUENCIA

Estos adverbios nos indican la frecuencia con la que tiene lugar una acción. Entre ellos están:

always ⟶	*siempre*
usually ⟶	*normalmente*
generally ⟶	*generalmente*
sometimes ⟶	*a veces*
rarely ⟶	*pocas veces*
hardly ever ⟶	*casi nunca*
never ⟶	*nunca*

Se colocan detrás del verbo "to be", si éste aparece en la frase, o delante del verbo, si éste es otro.

I <u>am</u> **usually** at work at nine.
Normalmente estoy en el trabajo a las nueve.

You **rarely** <u>wash</u> your car.
Lavas tu auto pocas veces.

He <u>is</u> **never** late.
Él nunca llega tarde.

Does she **always** <u>buy</u> the newspaper?
¿Ella siempre compra el periódico?

They **sometimes** <u>watch</u> the news on TV.
Ellos a veces ven las noticias en TV.

El adverbio "sometimes" también se puede usar al principio de la oración.

I **sometimes** go to the gym. ⎫
Sometimes I go to the gym. ⎭ *A veces voy al gimnasio.*

c) PRONOMBRES INTERROGATIVOS

Los pronombres interrogativos son palabras que utilizamos al principio de las preguntas para demandar información acerca de cosas, personas, lugares, momentos, etc. Básicamente son:

What? ⟶	*¿Qué, (cuál)?*
Who? ⟶	*¿Quién?*
Where? ⟶	*¿Dónde?*
When? ⟶	*¿Cuándo?*
Why? ⟶	*¿Por qué?*
Whose? ⟶	*¿De quién?*
Which? ⟶	*¿Qué, cuál?*
How? ⟶	*¿Cómo?*

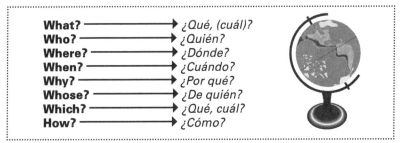

What is your name?	*¿Cuál es tu nombre?*
Who is that woman?	*¿Quién es esa mujer?*
Where is the car?	*¿Dónde está el coche?*
When is your birthday?	*¿Cuándo es tu cumpleaños?*
Why are they here?	*¿Por qué están ellos aquí?*
Whose are those books?	*¿De quién son esos libros?*
Which is your pencil?	*¿Cuál es tu lapicero?*
How are you?	*¿Cómo estás?*

EJERCICIOS:

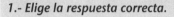

1.- Elige la respuesta correcta.

a) I
| doesn't get
| gets
| don't get
} up late.

b)
| Are
| Do
| Does
} you speak Spanish?

c) He
| doesn't
| don't
| isn't
} live in Colombia.

d) What
| is
| do
| does
} she do?

e) They
| don't
| aren't
| doesn't
} write books.

2.- Coloca el adverbio de frecuencia en el espacio apropiado.

a) He .... listens to the radio .... (never)

b) I ....go .... to the movies. (often)

c) They ....are .... tired. (always)

d) We ....watch .... the news. (sometimes)

e) She ....is ....at home in the morning. (usually)

3.- Encuentra cinco pronombres interrogativos en la sopa de letras.

W	H	A	T	W
H	O	W	H	O
N	N	E	H	W
P	R	Y	W	H
E	S	A	H	W
W	H	T	A	O

UNIDAD

6

EN ESTA UNIDAD ESTUDIAREMOS:

LET'S SPEAK ENGLISH:

A) PARTES DEL DÍA.

B) PREGUNTAR LA FRECUENCIA CON QUE SE REALIZAN ACCIONES.

C) ACTIVIDADES FÍSICAS Y DEPORTE.

GRAMÁTICA FÁCIL:

A) TERCERA PERSONA DEL PRESENTE SIMPLE.

B) EXPRESAR AGRADO Y DESAGRADO.

C) "ALSO", "TOO" Y "AS WELL".

SITUACIÓN: Susan y James se encuentran en el centro deportivo.

Susan: Wow! It's hard work **doing exercise in the morning**!

James: Yes, it is! **How often** do you come to the gym?

Susan: Twice a week. And you?

James: I come to the gym **four times a week, usually in the afternoon**. I really **enjoy** it.

Susan: I **enjoy** the gym **as well**.

James: Do you do any other exercise?

Susan: I **play tennis once a week**, with my sister. She works during the week, so we play **on weekends**.

James: I **like** tennis **too**, but I **rarely** play. I **usually** watch it on television.

Susan: Do you **like playing baseball**?

James: No. I **hate baseball**.

Susan: Me, **too**. I **don't like watching** it on television, either. It's boring. I **like going swimming**.

James: I **love** swimming **as well**! **How often** do you **go swimming**, Susan?

Susan: Mmm, I **usually** go swimming

three times a week, when I have time. My husband **comes too**, but he only **watches** because he **doesn't like** swimming.

James: How often does your husband **do exercise**?

Susan: Well, he **plays** tennis with me and my sister **on weekends**. He **also likes doing karate**.

James: Does he **do karate**?

Susan: Yes, he does. He **takes** classes here, at the sports centre, **every Thursday**.

James: I **enjoy** karate. I think I'll come to the classes **as well**.

Susan: My husband **says** they're very good. He **likes** them a lot.

James: Well, I'm going home now. Nice talking to you, Susan.

Susan: To you, **too**, James. Bye!

DIÁLOGO 6:

Susan: ¡Uf! Es duro **hacer ejercicio por la mañana.**

James: ¡Sí que lo es! ¿**Con qué frecuencia** viene usted al gimnasio?

Susan: Dos veces a la semana. ¿Y usted?

James: Yo vengo al gimnasio **cuatro veces a la semana, normalmente por la tarde.** Realmente lo **disfruto.**

Susan: Yo **también disfruto** del gimnasio.

James: ¿Hace usted otro ejercicio?

Susan: Juego al tenis una vez a la semana, con mi hermana. Ella trabaja durante la semana, por lo que jugamos **los fines de semana.**

James: A mí **también me gusta** el tenis, pero juego **pocas veces. Normalmente** lo veo por televisión.

Susan: ¿Le **gusta jugar al béisbol?**

James: No. **Odio el béisbol.**

Susan: Yo, **también. No me gusta verlo** en televisión, tampoco. Es aburrido. Me **gusta ir a nadar.**

James: Me **encanta** nadar, **también.** ¿**Con qué frecuencia va a nadar,** Susan?

Susan: Mmm. **Normalmente** voy a nadar **tres veces a la semana,** cuando tengo tiempo. Mi marido viene **también,** pero él sólo **mira** porque **no le gusta** la natación.

James: ¿**Con qué frecuencia hace ejercicio** su marido?

Susan: Bueno, él **juega** al tenis conmigo y con mi hermana **los fines de semana.** A él **también le gusta practicar karate.**

James: ¿**Practica él karate?**

Susan: Sí. **Toma** clases aquí en el centro deportivo **todos los jueves.**

James: Me **gusta** el karate. Creo que vendré a las clases, **también.**

Susan: Mi marido dice que son muy buenas. A él le **gustan** mucho.

James: Bien, me voy a casa ahora. Un placer hablar con usted, Susan.

Susan: Con usted también, James. ¡Adiós!

Mis palabras clave

LET'S SPEAK ENGLISH

a) PARTES DEL DÍA

Para expresar las distintas partes del día se usan estas expresiones:

in the morning	*por la mañana*
in the afternoon	*por la tarde*
in the evening	*por la noche (equivale a la tarde-noche)*
at night	*por la noche*

I usually get up at seven **in the morning**.
Normalmente me levanto a las siete de la mañana.

They work **in the afternoon**.
Ellos trabajan por la tarde.

She comes back home **in the evening**.
Ella vuelve a casa por la tarde-noche.

People sleep **at night**.
La gente duerme por la noche.

b) PREGUNTAR LA FRECUENCIA CON QUE SE REALIZAN ACCIONES

Para preguntar por la frecuencia con que tienen lugar las acciones, utilizamos "**how often?**" *(¿con qué frecuencia?)*.

How often do you go to the theater? I **rarely** go to the theater.
¿Con qué frecuencia vas al teatro? Voy poco (pocas veces) al teatro.

How often does he play chess? He **never** plays chess.
¿Con qué frecuencia juega él al ajedrez? Él nunca juega al ajedrez.

How often does it rain here? It **usually** rains here.
¿Con qué frecuencia llueve aquí? Normalmente llueve aquí.

Una forma de responder a estas preguntas es con los adverbios de frecuencia, que estudiamos en el capítulo anterior, pero otra forma es indicando la cantidad de veces que tiene lugar la acción. Así:

once ⟶ *una vez*
twice ⟶ *dos veces*

A partir de "tres veces", se usa el numeral y la palabra "times" *(veces)*:

three times ⟶ tres veces
seven times ⟶ siete veces

Pero para indicar la cantidad de veces que se realiza la acción en un período de tiempo, se añade el artículo "**a**" y dicho período de tiempo:

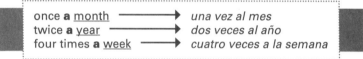

once **a** <u>month</u> ⟶ *una vez al mes*
twice **a** <u>year</u> ⟶ *dos veces al año*
four times **a** <u>week</u> ⟶ *cuatro veces a la semana*

How often do you visit your grandparents?
I visit them **three times a month**.

¿Con qué frecuencia visitas a tus abuelos?
Los visito tres veces al mes.

How often does she go to the gym?
She goes to the gym **twice a week**.

¿Con qué frecuencia va ella al gimnasio?
Ella va al gimnasio dos veces a la semana.

c) ACTIVIDADES FÍSICAS Y DEPORTES

Para expresar actividades físicas y deportes usamos diferentes verbos, dependiendo de la actividad. De esta manera:

Si se practica con pelota, se usa el verbo "**to play**":

play { soccer / basketball / baseball / tennis } *jugar* { *al fútbol* / *al baloncesto* / *al béisbol* / *al tenis* }

He **plays** basketball on weekends.
Él juega al baloncesto los fines de semana.

Si no se practica con pelota, se usa el verbo **"to go"** y la actividad en gerundio:

go {
swimming *(ir a) nadar*
skating *(ir a) patinar*
horse-riding *(ir a) montar a caballo*
cycling *(ir a) montar en bicicleta*

My sister **goes** swimming once a week.
Mi hermana va a nadar una vez a la semana.

Para otras actividades se utiliza **"to do"**:

do {
yoga *hacer yoga*
pilates *hacer pilates*
exercise *hacer ejercicio*
judo, karate, etc *practicar judo, karate, etc.*

I usually **do** exercise in the morning.
Normalmente hago ejercicio por la mañana.

GRAMÁTICA FÁCIL

a) TERCERA PERSONA DEL SINGULAR DEL PRESENTE SIMPLE

Como ya vimos en el capítulo anterior, la 3ª persona del singular (he, she, it) del presente simple, en frases afirmativas, se forma añadiendo una "-s" al infinitivo del verbo. Ésta es la regla general, pero hay algunas excepciones:

• Si el infinitivo acaba en **–s, –sh, –ch, –x, –o** y **–z**, se añade **"–es"**.

To pass *(aprobar)*:
He always **passes** his exams.
Él siempre aprueba sus exámenes.

To wash *(lavar)*:
     She **washes** her hands before eating.
     Ella se lava las manos antes de comer.

To watch TV *(ver la TV)*:
     He **watches** TV every evening.
     Él ve la TV todas las noches.

To do *(hacer)*:
     She never **does** her homework.
     Ella nunca hace sus deberes.

To go *(ir)*:
     My father **goes** to work by car.
     Mi padre va a trabajar en auto.

• Si el infinitivo acaba en "-y" precedida de vocal, se añade "-s", pero si va precedida de una consonante, la "y" se transforma en "i" y se añade "-es".

To play *(jugar, tocar un instrumento)*:
     He **plays** tennis. *Él juega al tenis.*

To cry *(llorar)*:
     The baby **cries** a lot. *El bebé llora mucho.*

b) EXPRESAR AGRADO Y DESAGRADO

Para expresar que algo o una acción nos agrada o desagrada, utilizamos los siguientes verbos:

love *(encantar)*, **like** *(gustar)*, **enjoy** *(disfrutar de)*, **hate** *(odiar)*.

Estos verbos pueden ir seguidos de:

Un nombre o pronombre:	
I **love** <u>old cars</u>. ⟶	I **love** <u>them</u>.
Me encantan los autos antiguos.	*Me encantan (ellos).*
She **likes** <u>coffee</u>. ⟶	She **likes** <u>it</u>.
A ella le gusta el café.	*A ella le gusta.*
We **don't like** <u>beer</u>. ⟶	We **don't like** <u>it</u>.
No nos gusta la cerveza.	*No nos gusta.*

They **enjoy** their free time. ——▶ They **enjoy** it.
Ellos disfrutan de su tiempo libre.   Ellos lo disfrutan.

Your mother **hates** mice. ——▶ Your mother **hates** them.
Tu madre odia los ratones.   Tu madre los odia.

Un verbo, es decir, de una acción.

En este caso, esta acción se expresa en gerundio (infinitivo + ing),
aunque en español suela expresarse en infinitivo.

Your brother **loves** swimming.   *A tu hermano le encanta nadar.*
I **like** getting up early.   *Me gusta levantarme temprano.*
He **doesn't like** skating.   *A él no le gusta patinar.*
Does she **enjoy** dancing at   *¿Disfruta ella bailando en*
the disco?   *la discoteca?*
They **hate** cooking.   *Ellos odian cocinar.*

c) "ALSO", "TOO" Y "AS WELL" *(TAMBIÉN)*

Tanto "**also**" como "**too**" y "**as well**" significan "**también**". La
diferencia radica en su posición en la frase.

"**Also**" se utiliza delante del verbo:

They have three children and they **also** have a dog.
Ellos tienen tres hijos y también tienen un perro.

I like baseball and I **also** like soccer.
Me gusta el béisbol y también me gusta el fútbol.

O detrás de él, si es el verbo "to be":

She is **also** working here.   *Ella también está trabajando aquí.*
Your parents are **also** Mexican. *Tus padres son también mejicanos.*

"**Too**" y "**as well**" se colocan al final de la oración:

They love parties. I love them, **too**.
A ellos les encantan las fiestas. A mí me encantan, también.

I speak English and French, **as well**.
Hablo inglés y también francés.

Peter enjoys singing, and dancing, **too**.
Peter disfruta cantando y también bailando.

We like pizza and pasta, **as well**.
Nos gusta la pizza y también la pasta.

EJERCICIOS:

1.- Rellena los espacios con la 3ª persona singular del presente de los siguientes verbos:

go, read, study, wash, buy.

a) My father .... his car twice a month.

b) She rarely..................

to the theater.

c) Sarah .... English at school.

d) Peter .... fresh milk everyday.

e) Your cousin .... the newspaper.

2.- Elige la expresión adecuada en cada caso.

a) They { don't like / love / hate } { dance / dancing / to dance } at the disco. They have a great time.

b) He { likes / doesn't like / loves } that chair. It's very uncomfortable.

c) My mother { enjoy / enjoyes / enjoys } { swimming / swim / swiming }

d) I { like / love / don't like } { plaing / to play / playing } baseball. It's boring.

3.- Rellena sólo los espacios necesarios con "also", "too" o "as well".

a) He ....is .... a tennis player.

b) I study ....English ....

c) They ....go to the gym.

d) I .... am living in Miami ....

UNIDAD

7

EN ESTA UNIDAD ESTUDIAREMOS:

LET'S SPEAK ENGLISH:

A) INFORMACIÓN SOBRE EL TRABAJO.

B) INFORMACIÓN SOBRE LOS HOBBIES O PASATIEMPOS.

C) EXPRESIONES ÚTILES.

GRAMÁTICA FÁCIL:

A) RESPUESTAS CORTAS.

B) PREGUNTAS CON PRONOMBRES INTERROGATIVOS.

SITUACIÓN: Chris está esperando el autobús y comienza a hablar con la señora que está sentada junto a él.

Chris: Do you often take this bus to town?

Lisa: Yes, I do. I use it every day to get to work.

Chris: What's your job?

Lisa: I'm a teacher. **I work for** a language school. I teach English to people from all over the world.

Chris: Sounds like fun! Where do your students come from?

Lisa: They come from China, Japan, France, Spain, Mexico…a lot of different countries.

Chris: Are they young?

Lisa: No, they aren't. They are adults.

Chris: Do you teach any other languages?

Lisa: No, I don't. I speak some French but I'm not very good. **What do you do?**

Chris: I work as an actor.

Lisa: Sounds interesting! Do you always go to work by bus?

Chris: No, I don't. I usually drive, but my car is in the garage today.

Lisa: And **what's your name?**

Chris: I'm Chris, and you?

Lisa: I'm Lisa. Pleased to meet you!

Chris: Pleased to meet you, too. So, do you like your job?

Lisa: Yes, I do. I love meeting different people from different countries.

Chris: And do they learn English quickly?

Lisa: Yes, they do. Well…. not all of them. Chris, the bus is here and I need to get to work.

Chris: Okay. See you soon!

Lisa: Goodbye!

DIÁLOGO 7:

Chris: ¿A menudo toma este autobús a la ciudad?

Lisa: Sí, lo utilizo todos los días para ir a trabajar.

Chris: ¿Cuál es su trabajo?

Lisa: Soy profesora. **Trabajo en** una escuela de idiomas. Enseño inglés a gente de todo el mundo.

Chris: Suena divertido. ¿De **dónde** vienen sus estudiantes?

Lisa: Vienen de China, Japón, Francia, España, México,... muchos países diferentes.

Chris: ¿Son jóvenes?

Lisa: No, no lo son. Son adultos.

Chris: ¿Enseña otros idiomas?

Lisa: No. Hablo algo de francés pero no soy muy buena. **¿A qué se dedica usted?**

Chris: Trabajo como actor.

Lisa: Parece interesante. ¿Siempre va al trabajo en autobús?

Chris: No. Normalmente conduzco mi auto, pero hoy está en el taller.

Lisa: ¿Y cuál es su nombre?

Chris: Soy Chris. ¿Y usted?

Lisa: Soy Lisa. Encantada de conocerle.

Chris: Encantado de conocerle, también. Entonces, ¿le gusta su trabajo?

Lisa: Sí. Me encanta conocer diferentes personas de diferentes países.

Chris: ¿Y aprenden inglés rápido?

Lisa: Sí. Bueno...no todos ellos. Chris, el autobús está aquí y yo necesito llegar al trabajo.

Chris: De acuerdo. ¡Hasta pronto!

Lisa: ¡Adiós!

Mis palabras clave	

LET'S SPEAK ENGLISH

a) INFORMACIÓN SOBRE EL TRABAJO

En una unidad anterior ya estudiamos cómo preguntar acerca del trabajo:

What's your job?	¿Cuál es tu trabajo?
What do you do?	¿A qué te dedicas? / ¿Qué haces?
What does she do?	¿A qué se dedica ella?

A estas preguntas se puede responder con:

I'm a plumber.	Soy fontanero.
I work as a plumber.	Trabajo como fontanero.
She's a translator.	Ella es traductora.
She works as a translator.	Ella trabaja como traductora.

Y se puede añadir información:

I mend drains, faucets, gas pipes, etc.
Arreglo desagües, grifos, cañerías de gas, etc.

She translates articles and books.
Ella traduce artículos y libros.

Si se quiere decir para quién o para qué empresa se trabaja:

I work for "Simpson Limited".
Trabajo para "Simpson Limited".

She works for a Spanish company.
Ella trabaja para una compañía española.

b) INFORMACIÓN SOBRE LOS HOBBIES O PASATIEMPOS

Para preguntar por los pasatiempos podemos usar alguna de estas estructuras:

What are your hobbies? *¿Cuáles son tus hobbies?*

What do you do in your <u>spare</u> time?
What do you do in your <u>free</u> time? } *¿Qué haces en tu tiempo libre?*

A estas preguntas se puede reponder:

My hobbies are: going to the movies, listening to music and dancing.
Mis hobbies son: ir al cine, escuchar música y bailar.

In my spare time I go swimming.
En mi tiempo libre voy a nadar.

I like playing cards with my friends.
Me gusta jugar a las cartas con mis amigos.

Pero si preguntamos por una actividad en particular, podemos responder de forma corta:

Do you like reading? Yes, I do.
¿Te gusta leer? Sí, me gusta.

Does she like soccer? No, she doesn't.
¿Le gusta el fútbol a ella? No, no le gusta.

c) EXPRESIONES ÚTILES – USEFUL EXPRESSIONS

Para mostrar interés por algún tema o comentario se puede decir:

Sounds good!   ¡Suena bien!
Sounds interesting!   ¡Suena interesante!
Sounds like a lot of fun! ¡Suena muy divertido!

Estas expresiones no precisan del sujeto ("it").

Carl: I work as a translator.   *Carl: Soy traductor.*
Mike: **Sounds interesting**!   *Mike: Suena interesante*

GRAMÁTICA FÁCIL

a) RESPUESTAS CORTAS

Son aquellas que se suelen utilizar cuando la pregunta se responde
con un "sí" o un "no".
Para ello, la pregunta ha de comenzar con un auxiliar. Hasta ahora, los
auxiliares que conocemos son el verbo "to be" y la partícula "do/does"
[no confundir con el verbo "to do" *(hacer)*, que no es auxiliar].

Are they Italian?	*¿Son ellos italianos?*
Do you speak English?	*¿Hablas inglés?*

Al responder a estas preguntas de forma afirmativa,
utilizamos "Yes", el pronombre sujeto que
corresponda y el auxiliar, que será afirmativo.

Are they Italian? **Yes, they are**.
Do you speak English? **Yes, I do**.
Does he live in New York? **Yes, he does**.

En estos casos, la traducción de la respuesta corta puede ser
simplemente: "Sí".

En respuestas cortas, el auxiliar "to be" no se
puede contraer con el sujeto.

Is he an architect? **Yes, he is**. (~~he's~~)
¿Es él arquitecto? Sí (lo es).

Are you at work? **Yes, I am**. (~~I'm~~)
¿Estás en el trabajo? Sí (lo estoy).

Al responder de forma negativa, utilizamos "No", el pronombre sujeto que corresponda y el auxiliar, que será negativo.

Is he a doctor? **No, he isn't.**
¿Él es médico? No, (no lo es).

Do they have a car? **No, they don't.**
¿Tienen ellos auto? No, (no lo tienen).

El auxiliar y la negación pueden ir contraídos o no, aunque se suelen usar de forma contraída.

Is she your mother? **No, she isn't. / No, she is not.**

Does your father smoke? **No, he doesn't. / No, he does not.**

Como ejemplos de respuestas cortas afirmativas y negativas, tenemos:

Are you studying English? **Yes, I am.**
¿Estás estudiando inglés? Sí.

Is he from Brazil? **No, he isn't.**
¿Es él de Brasil? No.

Am I a teacher? **Yes, you are.**
¿Soy profesor? Sí (lo eres).

Are they playing tennis? **No, they aren't.**
¿Están ellos jugando al tenis? No.

Do you usually watch TV? **Yes, I do.**
¿Ves normalmente la TV? Sí.

Does it rain in winter? **Yes, it does.**
¿Llueve en invierno? Sí.

Do they have a pet? **No, they don't.**
¿Tienen ellos mascota? No.

Does she get up early? **No, she doesn't.**
¿Ella se levanta temprano? No.

b) PREGUNTAS CON PRONOMBRES INTERROGATIVOS

Los pronombres interrogativos ya fueron tratados en una unidad anterior, pero ahora los estudiaremos con más detalle. Como ya dijimos, estos pronombres son palabras que utilizamos al principio de las preguntas para demandar información acerca de cosas, personas, lugares, momentos, etc.

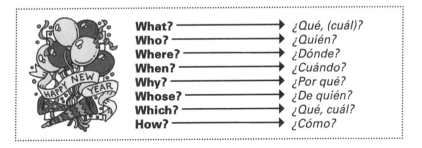

What? ⟶	¿Qué, (cuál)?
Who? ⟶	¿Quién?
Where? ⟶	¿Dónde?
When? ⟶	¿Cuándo?
Why? ⟶	¿Por qué?
Whose? ⟶	¿De quién?
Which? ⟶	¿Qué, cuál?
How? ⟶	¿Cómo?

Los pronombres interrogativos se colocan al principio de la pregunta, delante del auxiliar ("to be " o "do/does").

What <u>do</u> you do?	¿Qué haces?, ¿A qué te dedicas?
Who <u>is</u> your boss?	¿Quién es tu jefe?
Where <u>do</u> you live?	¿Dónde vives?
When <u>is</u> your birthday?	¿Cuándo es tu cumpleaños?
Why <u>are</u> you studying English?	¿Por qué estás estudiando inglés?
Whose <u>are</u> those books?	¿De quién son esos libros?
Which <u>is</u> your coat?	¿Cuál es tu abrigo?
How <u>do</u> you go to work?	¿Cómo vas al trabajo?

También van delante de "to be", en preguntas con el presente continuo:

What *are* you doing? ¿Qué estás haciendo?

Where *is* he going? ¿Dónde va él?

What, who y **where** pueden formar contracciones con **"is"**:

what is = what's	**What's** your name?	¿Cuál es tu nombre?
who is = who's	**Who's** that woman?	¿Quién es esa mujer?
where is = where's	**Where's** the car?	¿Dónde está el auto?

Estas preguntas no se pueden responder con un "sí" o un "no", por lo que no se pueden usar las respuestas cortas, sino que se necesitan respuestas más elaboradas.

Where do you live? I live in Puerto Rico.
¿Dónde vives? Vivo en Puerto Rico.

What are you doing? I'm studying.
¿Qué estás haciendo? Estoy estudiando.

How are you? I'm fine, thanks.
¿Cómo estás? Estoy bien, gracias.

EJERCICIOS:

1.- Completa con respuestas cortas.

a) Is she a doctor? Yes, ...
b) Do you speak English? Yes, ...
c) Are you Dominican? No, ...
d) Does he work at home? No, ...
e) Am I a teacher? Yes, ...

2.- Rellenar los espacios con pronombres interrogativos.

a) ....is your English lesson?
It's in the evening.
b) ....is my car? It's there.
c) ....book do you prefer?
I prefer the history book.
d) ....is your mother? She's fine, thanks.
e) ....is that girl? She's my sister.
f) ....are they doing?
They're playing tennis.

3.- Unir preguntas y respuestas.

a) Does she like doing aerobics?
b) Where are they from?
c) What's he reading?
d) Are you from Florida?
e) Who are they?

1) Yes, I am.
2) They're from Germany.
3) They're Jimmy and Gordon.
4) Yes, she does.
5) A book.

UNIDAD

8

EN ESTA UNIDAD ESTUDIAREMOS:

LET'S SPEAK ENGLISH:

A) PREGUNTAR SIGNIFICADOS.

B) EXPRESAR HABILIDADES.

C) VOCABULARIO: PROFESIONES.

GRAMÁTICA FÁCIL:

A) EXPRESAR HABILIDAD.

B) EXPRESAR OBLIGACIÓN.

C) ADJETIVOS.

SITUACIÓN: Joseph ha conocido a Naomi, que está interesada en conocer muchas cosas sobre él.

Naomi: What is your job, Joseph?

Joseph: I'm a **lawyer**.

Naomi: And is your job **hard**?

Joseph: Sorry, it's noisy and **I don't understand. Could you repeat that, please?**

Naomi: Of course. Is your job **hard**?

Joseph: Yes, my job is sometimes hard. I **have to be** very **efficient** and **responsible** because I have a lot of work.

Naomi: Do you **have to** get up very early?

Joseph: Yes, I **have to** get up at 6.30 am every day so I **can** catch the bus to work.

Naomi: That's very early! **Can** you drive?

Joseph: Yes, I **can**, but I haven't got a car.

Naomi: Are you **good at** your job?

Joseph: Yes, I think so. **I'm good at** it because I'm very **hardworking**.

Naomi: Do you **have to** speak Spanish in your job?

Joseph: No, I don't.

In fact, I don't speak Spanish.

Naomi: But you **can** have more "clientes" if you **can** speak Spanish.

Joseph: What does "clientes" **mean?**

Naomi: It means "clients".

Joseph: Yes, **I can** have more clients but I'm **not very good at** languages.

Naomi: You **don't have to** be brilliant at languages. You just need to study!

Joseph: That's my problem. I don't have time.

Naomi: Ok. I know it's **difficult** for you.

Joseph: Well, I **have to** go now. Next time you'll tell me about you.

Naomi: Ok. Bye-bye!

Joseph: Bye!

DIÁLOGO 8:

Naomi: ¿Cuál es su trabajo, Joseph?

Joseph: Soy **abogado**.

Naomi: ¿Y es **duro** su trabajo?

Joseph: Perdone, hay ruido y **no comprendo**. ¿**Podría repetir, por favor**?

Naomi: Por supuesto. ¿Es **duro** su trabajo?

Joseph: Sí, mi trabajo es duro a veces. **Tengo que** ser muy **eficaz** y **responsable** porque tengo mucho trabajo.

Naomi: ¿**Tiene que** levantarse muy temprano?

Joseph: Sí, **tengo que** levantarme a las 6:30 todos los días y así **puedo** tomar el autobús para el trabajo.

Naomi: ¡Es muy temprano! ¿**Sabe** manejar?

Joseph: Sí, **sé**, pero no tengo auto.

Naomi: ¿**Es bueno en** su trabajo?

Joseph: Sí, creo que sí. **Soy bueno** porque soy muy **trabajador**.

Naomi: ¿**Tiene que** hablar español?

Joseph: **No**. De hecho, no hablo español.

Naomi: Pero **puede** tener más "clientes" si **sabe** hablar español.

Joseph: ¿**Qué significa** "clientes"?

Naomi: Significa "clients".

Joseph: Sí, **puedo** tener más clientes, pero **no se me dan bien** los idiomas.

Naomi: No es necesario que sea brillante con los idiomas. Sólo necesita estudiar.

Joseph: Ese es mi problema. No tengo tiempo.

Naomi: Ya. Sé que es **difícil** para usted.

Joseph: Bueno, **tengo que** irme ahora. La próxima vez me hablará de usted.

Naomi: De acuerdo. ¡Adiós!

Joseph: ¡Adiós!

Mis palabras clave

LET'S SPEAK ENGLISH

a) PREGUNTAR SIGNIFICADOS

Para preguntar por el significado de alguna palabra o expresión podemos usar distintas fórmulas:

[To mean: *significar*]

What does "grammar" **mean?**
¿Qué significa "grammar"?

What is the meaning of "grammar"**?**
¿Cuál es el significado de "grammar"?

Para responder:

It means...   *Significa...*
"Grammar" **means**...   *"Grammar" significa...*

Si lo que queremos es que nos repitan algo que no hemos entendido:

[To understand: *entender, comprender*]
[To repeat: *repetir*]

Sorry, **I don't understand**.
Disculpe, no entiendo.

Can you repeat, please?
¿Puedes repetir, por favor?

Can you speak more slowly, please?
¿Puedes hablar más despacio, por favor?

Estas últimas preguntas podrían ser más formales si sustituimos "can" por "could":

Could you repeat, please?   *¿Podría usted repetir, por favor?*

Could you speak more slowly, please?
¿Podría hablar más despacio, por favor?

b) EXPRESAR HABILIDADES

En la sección de "Gramática fácil" estudiaremos también este tema, pero ahora veremos algunas expresiones que denotan habilidad.

To be {	**(very) good at**	*ser bueno, dársele bien hacer algo*
	(very) bad at	*ser malo, dársele mal hacer algo*

I am very good at tennis.
Se me da muy bien el tenis.

She isn't good at mathematics.
Ella no es buena en matemáticas.

They're bad at French.
Se les da mal el francés. (Son malos en francés).

Si en lugar de sustantivos usamos acciones (verbos) tras dichas expresiones, éstas han de expresarse en gerundio:

I'm bad at cooking.   *No se me da bien cocinar.*

He's very good at swimming.   *Él es muy bueno nadando.*

We aren't good at singing.   *No se nos da bien cantar.*

c) VOCABULARIO: PROFESIONES - JOBS

lawyer:	*abogado/a*	**translator:**	*traductor/a*
architect:	*arquitecto/a*	**secretary:**	*secretario/a*
fireman:	*bombero*	**teacher:**	*profesor/a*
taxi driver:	*taxista*	**policeman:**	*policía*
butcher:	*carnicero/a*	**painter:**	*pintor/a*
baker:	*panadero/a*	**pilot:**	*piloto*
postman:	*cartero*	**journalist:**	*periodista*
scientist:	*científico/a*	**mechanic:**	*mecánico*
cook:	*cocinero/a*	**student:**	*estudiante*
shop assistant:	*dependiente/a*	**manager:**	*gerente*
electrician:	*electricista*	**accountant:**	*contador/a*
plumber:	*fontanero/a*	**hairdresser:**	*peluquero/a*
engineer:	*ingeniero/a*	**bank clerk:**	*empleado/a de*
gardener:	*jardinero/a*	`	*banco*
vet:	*veterinario/a*		

Recordemos que cuando el sujeto es singular, hemos de utilizar "a" delante de la profesión.

She is **a** nurse.   *Ella es enfermera.*
They are nurses.   *Ellas son enfermeras.*

GRAMÁTICA FÁCIL

a) EXPRESAR HABILIDAD

En esta misma unidad ya hemos tratado algunas fórmulas para expresar habilidad, pero la manera más común de hacerlo es por medio del verbo "**can**" *(poder, saber)*.

"**Can**" es un verbo modal, auxiliar, con unas características peculiares. En primer lugar, no admite la partícula "to" ni delante ni detrás de él, por lo que precede a un infinitivo sin dicha partícula.

I **can** <u>swim</u>. ⟶ *Sé nadar.*

Otra peculiaridad, es que tiene la misma forma para todas las personas. No admite "s" en 3ª persona del singular (he, she, it).

• En <u>frases afirmativas</u>:

I	**can**	*yo sé, puedo*	we	**can**	*nosotros/as sabemos, podemos*
you	**can**	*tú sabes, puedes* *usted sabe, puede*	you	**can**	*ustedes saben, pueden*
he	**can**	*él sabe, puede*			
she	**can**	*ella sabe, puede*	they	**can**	*ellos/as saben, pueden*
it	**can**	*sabe, puede*			

I **can** drive a bus.	*Sé (puedo) conducir un autobús.*
He **can** teach Portuguese.	*Él sabe (puede) enseñar portugués.*
We **can** run very fast.	*Podemos correr muy rápido.*
You **can** solve this problem.	*Tú sabes (puedes) resolver este problema.*
They **can** understand.	*Ellos pueden comprender.*

• En <u>frases negativas</u> añadimos "**not**" detrás de "can". La negación admite tres formas: **can not**, **cannot** y **can't**. De ellas, la más usual es la forma contraída.

I **can't** speak Italian.	*No sé hablar italiano.*
He **can not** type.	*Él no sabe escribir a máquina.*
We **cannot** play the piano.	*No sabemos tocar el piano.*
You **can't** dance salsa.	*Ustedes no saben bailar salsa.*
They **can't** use that machine.	*Ellos no saben usar esa máquina.*

• En preguntas, al tratarse de un verbo auxiliar, invierte el orden con el sujeto:

> He **can** play baseball.
>
> **Can** he play baseball?

Can you skate?	¿Sabes patinar?
Can they sing opera?	¿Saben ellos cantar ópera?
What **can** you do?	¿Qué sabes hacer?, ¿Qué puedes hacer?
What languages **can** you speak?	¿Qué idiomas sabe usted hablar?
Can she use a computer?	¿Sabe ella usar una computadora?

• Para responder de forma corta, usaremos "Yes" o "No", el sujeto y "can" o "can't".

Can you play chess? **Yes, I can.**
¿Sabes jugar al ajedrez? Sí (sé).

Can he teach German? **No, he can't.**
¿Sabe él enseñar alemán? No, (no sabe).

Can we build a house? **No, we can't.**
¿Sabemos construir una casa? No, (no sabemos).

Can they make an omelette? **Yes, they can.**
¿Saben ellos hacer una tortilla? Sí, (saben).

Además de expresar habilidad, el verbo "can" tiene otros usos en inglés, que se irán detallando más adelante.

b) EXPRESAR OBLIGACIÓN

Una de las maneras de expresar obligación en inglés es por medio del verbo "**have to**" (tener que).

I **have to** do my homework. ⟶ Tengo que hacer mis deberes.

"**Have to**" va siempre seguido de un infinitivo.

La **forma afirmativa** en presente es:

I	**have to**	yo tengo que	we	**have to**	nosotros/as tenemos que
you	**have to**	tú tienes que usted tiene que	you	**have to**	ustedes tienen que
he	**has to**	él tiene que			
she	**has to**	ella tiene que	they	**have to**	ellos/as tienen que
it	**has to**	tiene que			

En este caso, "have to" no se puede contraer con el sujeto.

You **have to** buy a cell phone. Tienes que comprar un celular.
She **has to** study hard. Ella tiene que estudiar duro.

We **have to** visit the museum.   *Tenemos que visitar el museo.*
They **have to** get up early.   *Ellos tienen que levantarse temprano.*
He **has to** see this.   *Él tiene que ver esto.*

La **forma negativa** es "don't/doesn't have to".

Esta forma implica falta de obligación, es decir, que no es necesario hacer algo.

I **don't have to** get up early on Sundays. *No tengo que madrugar los domingos.*

You **don't have to** go. *No tienes que ir (no es necesario que vayas).*

She **doesn't have to** take that bus. *Ella no tiene por qué tomar ese autobús.*

We **don't have to** buy a new car. *No tenemos que comprar un auto nuevo.*

They **don't have to** clean. *Ellos no tienen que limpiar (no es necesario que limpien).*

Para realizar **preguntas** se usa "**do/does**" delante del sujeto y "**have to**":

Do you **have to** send an e-mail?   *¿Tienes que mandar un correo electrónico?*
Does she **have to** help you?   *¿Tiene ella que ayudarte?*
Do I **have to** stay here?   *¿Tengo que quedarme aquí?*
What **do** we **have to** do?   *¿Qué tenemos que hacer?*
Where **does** he **have to** go?   *¿Dónde tiene que ir él?*

Para responder de forma corta:

Do you have to work overtime?
  { **Yes, I do**
    No, I don't }

¿Tienes que trabajar horas extras?
  { *Sí*
    No }

Does he have to call the police?
  { **Yes, he does**
    No, he doesn't }

¿Tiene él que llamar a la policía?
  { *Sí*
    No }

c) ADJETIVOS

Vamos a estudiar algunos adjetivos acerca del trabajo, pero antes vamos a tratar dos palabras que pueden llevar a confusión: "work" y "job".

"**Work**" significa "trabajo" y es un término con significado general. También se usa como verbo (to work: *trabajar*).

"**Job**" también significa "trabajo", pero como "empleo" o "puesto de trabajo". No se puede usar como verbo.

Entre los adjetivos que pueden describir un trabajo están:

interesting: *interesante*	**boring:** *aburrido*	**difficult:** *difícil*
dangerous: *peligroso*	**tiring:** *cansado*	**relaxing:** *relajado*
demanding: *absorbente*	**risky:** *arriesgado*	**safe:** *seguro*
amusing: *entretenido*	**hard:** *duro*	**easy:** *fácil*

• Estos adjetivos pueden ir delante del sustantivo:

I have an **amusing** job.   *Tengo un trabajo entretenido.*
He has a **boring** job.   *Él tiene un trabajo aburrido.*

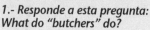

• O después del verbo "to be":

My job is **relaxing**.   *Mi trabajo es relajado.*
Her job is **interesting**.   *Su trabajo (de ella) es interesante.*

Con respecto al trabajo, las personas pueden ser:

hardworking: *trabajador/a*	**reliable:** *fiable*	**efficient:** *eficiente*
responsible: *responsable*	**creative:** *creativo/a*	**lazy:** *holgazán/a*

They are **efficient** workers.   *Son trabajadores eficientes.*
He is **hardworking** and **reliable**.   *Es trabajador y fiable.*

Todos los adjetivos que hemos tratado pueden ir precedidos por un intensificador, como "very".

I have a **very** dangerous job.   *Tengo un trabajo muy peligroso.*
She is **very** creative at work.   *Ella es muy creativa en el trabajo.*

EJERCICIOS:

1.- Responde a esta pregunta:
What do "butchers" do?
a) They sell vegetables
b) They sell fish
c) They sell meat
d) They sell cars

2.- Pon las palabras en el orden correcto para formar frases.
a) can Chinese I speak.
b) her do homework to she has.
c) buy they can't computer that
d) come he to does have?
e) we can what do?

3.- Corrige los errores en las siguientes oraciones.
a) It's a job very interesting.

b) Can he plays the violin?
c) They has to study grammar.
d) Does he has to come with us?
d) Her bother have to bring his books.

UNIDAD

9

EN ESTA UNIDAD ESTUDIAREMOS:

LET'S SPEAK ENGLISH:

A) EL ALFABETO.

B) EL LENGUAJE TELEFÓNICO.

C) NÚMEROS TELEFÓNICOS.

D) LOS DÍAS DE LA SEMANA.

E) TRATAMIENTOS FORMALES.

A B C

GRAMÁTICA FÁCIL:

A) PETICIONES (CAN-COULD).

B) PETICIONES FORMALES (WOULD LIKE TO).

C) DELETREO.

D) LOS VERBOS "TO TAKE" Y "TO LEAVE".

SITUACIÓN: Hannah está llamando a NB Telephones, tras leer un anuncio con una oferta de trabajo. Quiere concertar una cita. Primero habla con la secretaria, Margaret, y luego con el gerente, Stuart Smith.

Margaret: Good afternoon, NB Telephones. Margaret speaking. How can I help you?

Hannah: Good afternoon. **Could I speak to Mr.** Stuart Smith, please?

Margaret: One moment, please. **Who's calling?**

Hannah: This is Hannah Fairweather, **I'm calling about** the job advertised in the newspaper.

Margaret: Hold on, please. I'll put you through to him.

Hannah: Thank you.

Stuart: Good morning. Stuart Smith. **Who's calling** please?

Hannah: Hello, **this is** Hannah Fairweather. **I'm calling about** the accountant job advertised in the newspaper.

Stuart: Ok, Hannah. I'll just take some details from you and we'll arrange an interview. **Could you spell** your surname for me, please?

Hannah: Yes, it's F-A-I-R-W-E-A-T-H-E-R.

Stuart: And your phone number, please?

Hannah: It's 07963 157862.

Stuart: Can you repeat the last three digits, please?

Hannah: Eight–six–two.

Stuart: Thank you. So, the schedule for the job is from 9am to 5pm, from **Monday** to **Friday**. Could you come for an interview at 10 on **Wednesday** morning?

Hannah: I'm very sorry, but it's impossible on Wednesday. I've got a doctor's appointment. But I'm free on **Tuesday** morning.

Stuart: That's fine. I'll see you at 10am on **Tuesday**, then. Our office is at 15, Key Road, near the sports centre.

Hannah: Could you repeat that, please?

Stuart: 15, Key Road. See you on **Tuesday** and thank you for calling.

Hannah: Thank you **Mr Smith**. Goodbye.

DIÁLOGO 9:

Margaret: ¡Buenas tardes! NB Telephones. Le habla Margaret. ¿En qué puedo ayudarle?

Hannah: ¡Buenas tardes! **¿Podría hablar con el señor** Stuart Smith, por favor?

Margaret: Un momento, por favor. **¿De parte de quién?**

Hannah: Soy Hannah Fairweather. **Llamo por** el trabajo que se anuncia en el periódico.

Margaret: Espere, por favor. Le paso con él.

Hannah: Gracias.

Stuart: Buenos días. Stuart Smith. **¿Quién habla?**

Hannah: Hola. Soy Hannah Fairwether. **Llamo por** el trabajo de contadora que se anuncia en el periódico.

Stuart: De acuerdo, Hannah. Tomaré unos detalles suyos y concertaremos una entrevista. ¿Me podría **deletrear** su apellido, por favor?

Hannah: Sí, es F-A-I-R-W-E-A-T-H-E-R.

Stuart: ¿Y su número de teléfono, por favor?

Hannah: Es el 07963157862.

Stuart: **¿Puede** repetir los tres últimos dígitos?

Hannah: ocho – seis – dos.

Stuart: Gracias. El horario de trabajo es de 9am a 5pm, de **lunes** a **viernes**. ¿Podría venir para una entrevista el **miércoles** a las 10 de la mañana?

Hannah: Lo siento pero es imposible el miércoles. Tengo cita con el médico. Pero estoy libre el **martes** por la mañana.

Stuart: Está bien. Entonces la veré el **martes** a las 10am. Nuestra oficina está en Key Road, número 15, cerca del centro deportivo.

Hannah: **¿Podría** repetir, por favor?

Stuart: Key Road, número 15. Hasta el **martes** y gracias por llamar.

Hannah: Gracias, **Sr. Smith**. Adiós.

Mis palabras clave

....

....

....

....

LET'S SPEAK ENGLISH

a) EL ALFABETO - THE ALPHABET

Es importante aprender las distintas letras del alfabeto, ya que así podremos deletrear o pedir que deletreen palabras.

A (ei)	**G** (**sh**i)*	**M** (em)	**S** (es)	**X** (eks)
B (bi)	**H** (éich)	**N** (en)	**T** (ti)	**Y** (wái)
C (si)	**I** (ai)	**O** (ou)	**U** (iu)	**Z** (zi)
D (di)	**J** (**sh**éi)*	**P** (pi)	**V** (vi)	
E (i)	**K** (kéi)	**Q** (kiú)	**W** (dábliu)	
F (ef)	**L** (el)	**R** (ar)		

* La pronunciación /sh/ de estas letras es equivalente a la pronunciación de la "ll" en Argentina o Uruguay.

Para pedir que alguien deletree una palabra se usan las siguientes expresiones:

[to spell: *deletrear*]

Can you spell...? (informal)   *¿Puedes deletrear...?*
Could you spell...? (formal)   *¿Podría usted deletrear...?*
How do you spell...?   *¿Cómo se deletrea...?*

Can you spell the word "house"?
¿Puedes deletrear la palabra "house"?

Could you spell your name, please?
¿Podría deletrear su nombre, por favor?

How do you spell "house"?
¿Cómo deletreas "house"?, ¿Cómo se deletrea "house"?

La respuesta se dará letra a letra, excepto cuando encontremos dos letras iguales seguidas. En ese caso cabe la posibilidad de decirlas letra a letra, o bien usando "**double** + letra":

– Can you spell the word "book"?   – *¿Puedes deletrear la palabra "book"?*
–Yes. B-**O-O**-K (bi-**dábel ou**-kei)   – *Sí. B-O-O-K.*

b) LENGUAJE TELEFÓNICO - PHONE LANGUAGE

Cuando hablamos por teléfono solemos utilizar un vocabulario y unas expresiones particulares. Así:

• Para pedir hablar con alguien:

Can I speak to Margaret? *¿Puedo hablar con Margaret?*

Could I speak to Margaret Clark, please?
¿Podría hablar con Margaret Clark, por favor?

I'd like to speak to Margaret, please.
Quisiera (me gustaría) hablar con Margaret, por favor.

• Para preguntar quién llama:

Who's calling?   *¿Quién llama?, ¿De parte de quién?*

• Para identificarse uno mismo no se utiliza "I am…", sino "**This is…**":

– Who's calling?   – *¿Quién llama?*
– **This is** Carlos Pérez.   – *Soy (habla) Carlos Pérez.*

• Cuando solicitamos que nos transfieran la llamada a otra persona:

Could you put me through to John Gates, please?
¿Podría pasarme con John Gates, por favor?

• Cuando nos transfieren la llamada a otra persona nos dirán:

Just a moment. **I'll put you through** (to him).
Un momento. Le paso (con él).

Just a minute. **I'll transfer your call**.
Un momento. Le paso su llamada.

• Cuando pedimos hablar con alguien que ha atendido el teléfono, se identifica diciendo: "Speaking" *(soy yo, al habla)*.

– I'd like to speak to Mr. Evans, please.
– **Speaking**.

– *Quisiera hablar con el Sr. Evans, por favor.*
– *Al habla (soy yo).*

• Para indicar el motivo de la llamada se puede usar:

I'm calling about a job interview.
Llamo por una entrevista de trabajo.

• Si se dice que la otra persona espere en línea:

Hold on, please.   *Espere, por favor.*
Hold on a moment, please.   *Espere un momento, por favor.*
Could you **hold** a minute?   *¿Podría esperar un momento?*

c) NÚMEROS TELEFÓNICOS - PHONE NUMBERS

Para decir un número telefónico hemos de hacerlo número por número.
El número "0" puede decirse "oh" (/ou/, como la letra "o"), o bien "zero".
Cuando el número contenga dos número iguales seguidos, podemos decirlos uno a uno o bien "double + número".

– What's your phone number?

– It's 908 417 33 86 $\begin{cases}$ (nine-**zero**-eight-four-one-seven-**three-three**-eight-six)
 (nine-**oh**-eight-four-one-seven-**double three**-eight-six) $\end{cases}$

De una manera formal, también nos pueden preguntar el número de teléfono con el verbo "to spell":

Could you **spell** your phone number, please?
¿Podría darme (deletrear) su número de teléfono, por favor?

d) LOS DÍAS DE LA SEMANA - THE DAYS OF THE WEEK

Los días de la semana son:

Monday	*lunes*	
Tuesday	*martes*	
Wednesday	*miércoles*	
Thursday	*jueves*	
Friday	*viernes*	
Saturday	*sábado*	
Sunday	*domingo*	

Los días de la semana <u>siempre</u> se escriben con letra mayúscula en inglés (no así en español).

e) TRATAMIENTOS FORMALES

Hay tratamientos de cortesía que se utilizan comúnmente en el lenguaje, tanto oral como escrito. Así, encontramos:

Mr. *(/míster/)* se utiliza con el apellido de hombres adultos y equivale a Sr. (señor).
Mrs. *(/míziz/)* se utiliza con el apellido de mujeres casadas y equivale a Sra. (señora).
Miss *(/mis/)* se utiliza con el apellido de mujeres solteras y equivale a Srta. (señorita).
Ms *(/miz/)* se utiliza con el apellido de una mujer adulta, sin definir su estado civil y equivale a señora o señorita.

Mr. Brown is our boss.	*El Sr. Brown es nuestro jefe.*
Mrs. Smith has a dog and a cat.	*La Sra. Smith tiene un perro y un gato.*
Is **Miss Jones** in the office?	*¿Está la Srta. Jones en la oficina?*

Sir o **Madam** (coloquialmente **ma'am**) se usan para dirigirnos a un hombre o a una mujer, respectivamente, de manera respetuosa. Son palabras especialmente usadas por los empleados de restaurantes, hoteles, etc...

Goodbye, **sir**!	¡Adiós, señor!
Good morning, **madam**!	¡Buenos días, señora!

Pero cuando hablamos a alguien de un señor o de una señora, no usamos los términos "sir" y "madam", sino "**lady**" *(dama, señora)* y "**gentleman**" *(caballero, señor)*.

This **lady** is our teacher.	Esa señora es nuestra profesora.
That **gentleman** is very funny.	Ese señor es muy divertido.

GRAMÁTICA FÁCIL

a) PETICIONES - REQUESTS

Como ya hemos visto, cuando queramos pedir o solicitar algo usamos "can" y "could".

Can I speak to Jane, please?
¿Puedo hablar con Jane, por favor?

Could you spell your name, please?
¿Podría deletrear su nombre, por favor?

"Can" se usará en una situación más informal y "could" en otra más formal.

Para responder a estas preguntas afirmativamente, podemos decir:

• De una manera informal: "**Sure**" *(claro)*, "**OK**", "**Yes**"...
• De una manera formal: "**Of course**" *(por supuesto)*, "**Certainly**" *(claro)*.

– Can I speak to Jimmy? – ¿Puedo hablar con Jimmy?
– **Sure**. Hold on. – Claro (seguro). Espera.

– Could I speak to Mr. Jones, please?
– **Certainly**. I'll put you through to him.

– ¿Podría hablar con el Sr. Jones, por favor?
– Claro. Le paso con él.

– Can you repeat, please?   – *¿Puedes repetir, por favor?*
– **Sure**.   – *Claro.*

– Could you spell your name, please?
– **Of course**. L-U-I-S.

– *¿Podría deletrear su nombre, por favor?*
– *Por supuesto. L-U-I-S.*

Hemos de tener en cuenta que la palabra "name"
puede significar "nombre" o "apellido".

Nombre	**Apellido**
Name ⟶	Surname
Name ⟶	Last name
First name ⟶	Name (Family name)

b) PETICIONES FORMALES - FORMAL REQUESTS

Ya hemos visto alguna expresión de petición formal (could), pero
también se puede solicitar algo por medio de "**I would like to +
infinitivo**" *(quisiera, me gustaría)*. En este caso no realizamos una
pregunta, sino que se trata de una oración afirmativa.
Esta expresión se suele utilizar de forma contraída: "**I'd like to**".

I'd like to <u>speak</u> to Mrs. O'Hara, please.
Quisiera (me gustaría) hablar con la Sra. O'Hara, por favor.

I'd like to <u>have</u> a meeting with him.
Me gustaría tener una reunión con él.

Pero puede haber más sujetos:

He'd like to <u>see</u> her.   *A él le gustaría verla.*
We'd like to <u>leave</u> a message.   *Nos gustaría dejar un mensaje.*

c) DELETREO – SPELLING

Cuando se deletrea una palabra, hay letras que suenan de forma
parecida y pueden llevar a confusión, especialmente por
teléfono. Para evitarlo se usa esta fórmula:

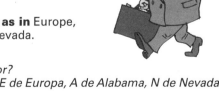

"G" **as in** Gregory   "G" *de Gregory*
"T" **as in** "Tom"   "T" *de Tom*

– My surname is Lean.
– Could you spell it, please?
– Certainly. L **as in** London, E **as in** Europe,
  A **as in** Alabama, N **as in** Nevada.

– *Mi apellido es Lean.*
– *¿Podría deletrearlo, por favor?*
– *Por supuesto. L de Londres, E de Europa, A de Alabama, N de Nevada.*

En estos casos podemos utilizar las palabras de referencia que
prefiramos.

d) LOS VERBOS "TO TAKE" Y "TO LEAVE"

El verbo **"to take"**, entre otros significados, equivale a "*tomar*" y "**to leave**" a "*dejar*".
En lenguaje telefónico los usaremos mucho cuando hablemos de mensajes. Así:

Can I **take** a message? ¿Puedo tomar un mensaje?
Can I **leave** a message for him? ¿Puedo dejar un mensaje para él?

EJERCICIOS:

1.- Resuelve este crucigrama:

Horizontales:
1 – Pasado simple del verbo "to see".
2 – Día de la semana.
3 – Día de la semana.
4 – Verbo que expresa "habilidad".
Verticales:
1 – Pronombre personal objeto.
2 – Día de la semana.
3 – Pronombre personal sujeto y objeto.

2.- Corrige los errores en las frases que lo necesiten.
a) Can you help me, please?
b) Could you came here, please?
c) I'd like to visiting you.
d) He'd likes to see me.
e) I'd like to have the menu.

3.- Ordena las palabras para formar frases.
a) favor could he me do a?
b) him I like to 'd to speak.
c) you please can a take message?
d) leave 'd to message a like I.
e) name please could you your spell?

SOLUCIONES

e) Could you spell your name, please?
d) I'd like to leave a message;
c) Can you take a message, please?;
b) I'd like to speak to him;
3.- a) Could he do me a favor?;
d) He'd like to see me.
c) I'd like to visit you;
2.- b) Could you come here?;

1.

UNIDAD

10

EN ESTA UNIDAD ESTUDIAREMOS:

LET'S SPEAK ENGLISH:

A) PREGUNTAR Y RESPONDER ACERCA DE LA HORA.

B) LOS MESES DEL AÑO.

GRAMÁTICA FÁCIL:

A) EL ARTÍCULO DETERMINADO (THE).

B) AUSENCIA DE ARTÍCULO.

C) PREPOSICIONES DE TIEMPO (IN, ON, AT).

SITUACIÓN: Jim y Lucy están intentando acordar una hora para ir a visitar el museo juntos.

Jim: Hi, Lucy. How are you?

Lucy: Hi, Jim. I'm okay, thanks. And you?

Jim: I'm fine, thank you. Do you know? There's a good exhibition of modern art in the city. Would you like to visit **the** museum sometime this week?

Lucy: Okay, but I'm quite busy. How about **on** Wednesday **at half past ten**?

Jim: I can't **on** Wednesday. I have to get up **at a quarter after six** to go to a special meeting at work. **What time** do you usually get up?

Lucy: I only work **in the afternoon**, so I usually get up **at ten**.

Jim: That's very late! Well, we could go **on** Thursday **at eleven o'clock**.

Lucy: Oh, I can't **on** Thursday. I'm going shopping to buy my sister a birthday present.

Jim: How about **in the evening**?

Lucy: The museum only opens **on** Tuesday evenings.

Jim: Ok. Well, **on** Tuesday **at a quarter to seven**?

Lucy: I'm sorry but it's impossible. My sister works **on** Tuesday evenings and I look after her baby.

Jim: This is very complicated! Tell me when you're free.

Lucy: Well, we can see the exhibition on Friday morning. I can get up early and meet you at the museum.. How about **at ten o'clock**?

Jim: Perfect! By the way, **what's the time?** Oh, no! **It's twenty after twelve**. I need to get back to work.

Lucy: See you **on** Friday **at ten**, then.

Jim: See you then!

DIÁLOGO 10:

Jim: ¡Hola, Lucy! ¿Cómo estás?

Lucy: Hola, Jim. Estoy bien, gracias. ¿Y tú?

*Jim: Bien, gracias. ¿Sabes? Hay una buena exposición de arte moderno en la ciudad. ¿Te gustaría visitar **el** museo en algún momento esta semana?*

*Lucy: De acuerdo, pero estoy bastante ocupada. ¿Qué tal **el** miércoles **a las diez y media**?*

*Jim: No puedo **el** miércoles. Tengo que levantarme **a las seis y cuarto** para ir a una reunión especial en el trabajo. ¿**A qué hora** te levantas tú normalmente?*

*Lucy: Sólo trabajo **por la tarde**, así que normalmente me levanto **a las diez**.*

Jim: ¡Es muy tarde! Bueno, podríamos ir el jueves a las once.

*Lucy: ¡Oh! No puedo **el** jueves. Voy a comprarle a mi hermana un regalo de cumpleaños.*

*Jim: ¿Qué tal **por la noche**?*

Lucy: El museo sólo abre las noches de los martes.

*Jim: De acuerdo. Bueno, ¿**el** martes **a las siete menos cuarto**?*

Lucy: Lo siento pero es imposible. Mi hermana trabaja los martes por la tarde y yo cuido a su bebé.

Jim: ¡Esto es muy complicado! Dime cuándo estás libre.

*Lucy: Bueno, podemos ver la exposición el viernes por la mañana. Puedo levantarme temprano y reunirme contigo en el museo. ¿Qué tal **a las diez en punto**?.*

*Jim: ¡Perfecto! A propósito, ¿**qué hora es**? ¡Oh, no! **Son las doce y veinte**. Necesito volver al trabajo.*

*Lucy: Entonces, ¡hasta **el** viernes **a las diez**!*

Jim: ¡Hasta entonces!

Mis palabras clave

....

....

....

....

....

LET'S SPEAK ENGLISH

a) PREGUNTAR Y RESPONDER ACERCA DE LA HORA

Para preguntar la hora decimos:

What time is it?
What's the time? } ¿Qué hora es?

Y para responder a esta pregunta, podemos decir:

It's twenty after two   *Son las dos y veinte*

Como vemos en el ejemplo, primero expresamos los minutos y luego las horas. Entre los minutos y las horas usaremos **"after"**, si el minutero se encuentra entre las 12 y las 6, o **"to"**, si el minutero está entre las 6 y las 12, es decir, "after" corresponde a "y" y "to" corresponde a "menos".

• La forma completa es: It's + minutos + **after / to** + hora

1:10	It's ten **after** one	*Es la una y diez.*
3:55	It's five **to** four	*Son las cuatro menos cinco.*

• Para marcar las horas en punto: It's + hora + **o'clock**

2:00	It's two **o'clock**	*Son las dos en punto*
9:00	It's nine **o'clock**	*Son las nueve en punto*

• Para marcar las horas y media: It's + **half past** + hora

11:30	It's **half past** eleven	*Son las once y media*
4:30	It's **half past** four	*Son las cuatro y media*

• Para marcar los cuartos: It's + **a quarter** + after / to + hora

    8:15   It's **a quarter** after eight   *Son las ocho y cuarto*
    2:45   It's **a quarter** to three   *Son las tres menos cuarto*

Al decir la hora de esta manera, usaremos "am" (/ei em/) desde las 12 de la noche hasta las 12 del mediodía y "pm" (/pi em/) desde las 12 del mediodía hasta las 12 de la noche, para evitar ambigüedades.

    It's twenty-five to five **am**   *Son las 5 menos 25 de la mañana*
    It's twenty-five to five **pm**   *Son las 5 menos 25 de la tarde*

• En algunos países de lengua inglesa se utiliza "past" en lugar de "after":

    7:20   It's twenty **past** seven   *Son las siete y veinte*

• Pero las horas también pueden decirse como aparecen en relojes digitales, o sea, diciendo la hora y luego los minutos, sin decir nada entre ambos.

    2:15   It's two fifteen   *Son las dos quince*
    6:55   It's six fifty-five   *Son las seis cincuenta y cinco*
    9:30   It's nine thirty   *Son las nueve treinta*

• Cuando queramos expresar exactitud en una hora, usaremos "**sharp**":

    The office opens at nine o'clock **sharp**.
    La oficina abre exactamente a las nueve.

Más ejemplos:

    10:05   It's five after ten **=** It's ten five
              Son las diez y cinco

    12:35   It's twenty-five to one **=** It's twelve thirty-five
              Es la una menos veinticinco

    3:50   It's ten to four **=** It's three fifty
             Son las cuatro menos diez

    6:30   It's half past six **=** It's six thirty
             Son las seis y media

    4:05   It's five after four **=** It's four oh five
             Son las cuatro y cinco

    7:10 am   It's ten after seven /ei em/ **=** It's seven ten /ei em/
              Son las siete y diez de la mañana

    8:15 pm   It's a quarter after eight /pi em/ **=** It's eight fifteen /pi em/
              Son las ocho y cuarto de la noche

De esta manera podemos preguntar y decir la hora, así como la hora en que tiene lugar algún evento o acción. En este caso, aparece la preposición "**at**" (a las).

– What time is it?	– ¿Qué hora es?
– It's twenty-five to six.	– Son las seis menos veinticinco.
– What time is the concert?	– ¿A qué hora es el concierto?
– It's **at** nine o'clock.	– Es a las nueve en punto.
– What time do you get up?	– ¿A qué hora te levantas?
– I get up **at** seven thirty.	– Me levanto a las siete y media.

The lesson is **at** a quarter after four.   *La clase es a las cuatro y cuarto.*

b) LOS MESES DEL AÑO – THE MONTHS OF THE YEAR

En inglés los meses del año se escriben siempre con letra mayúscula y son los siguientes:

January	*enero*	**July**	*julio*
February	*febrero*	**August**	*agosto*
March	*marzo*	**September**	*septiembre*
April	*abril*	**October**	*octubre*
May	*mayo*	**November**	*noviembre*
June	*junio*	**December**	*diciembre*

GRAMÁTICA FÁCIL

a) EL ARTÍCULO DETERMINADO (THE)

El artículo determinado "**the**" significa "**el**, **la**, **los**, **las**", es decir, se usa tanto para el masculino y femenino, como para el singular y plural.

the car, **the** cars   *el* auto, *los* autos
the house, **the** houses   *la* casa, *las* casas

The se utiliza:

• Cuando el hablante y el oyente conocen aquello que se trata:

The book is interesting. *El libro es interesante (todos saben qué libro).*

• Al referirnos a algo mencionado anteriormente:

These are my children. **The** boy is Tom.
Éstos son mis hijos. El niño es Tom.

• Al hablar de algo único:

He is **the** president. *Él es el presidente.*
I can see **the** moon from here. *Puedo ver la luna desde aquí.*

• Con nombres de hoteles, restaurantes, museos, periódicos, teatros, etc.

I work at **the** Royal Hotel. *Trabajo en el Hotel Royal.*
I often read **the** Miami Herald. *A menudo leo el Miami Herald.*

b) AUSENCIA DE ARTÍCULO

No se utiliza artículo:

• Al referirnos a un nombre de manera general:

Money is important. *El dinero es importante.*
Cats are nice animals. *Los gatos son animales bonitos.*

• Con los días de la semana y las estaciones del año:

The classes are **on Mondays**. *Las clases son los lunes.*
It usually snows **in winter**. *Normalmente nieva en (el) invierno.*

• Con la hora:

It's seven o'clock. *Son las siete en punto.*
The match is **at 2:30**. *El partido es a las 2:30.*

• En algunas expresiones:

watch television: *ver la televisión*

I never **watch television** at night.
Nunca veo la televisión por la noche.

have breakfast: *desayunar (tomar el desayuno)*
have lunch: *almorzar (tomar el almuerzo)*
have dinner: *cenar (tomar la cena)*

She is **having breakfast**.
Ella está desayunando (tomando el desayuno).

- Cuando el verbo "to play" significa "jugar" no se usa "**the**" junto al juego o deporte, pero si significa "tocar" (música), el artículo sí aparece junto al instrumento:

> I want to **play baseball**.   *Quiero jugar al béisbol.*
> He **plays <u>the</u> guitar** in a band.
> *Él toca la guitarra en una banda.*

- Ante una persona con título o tratamiento:

> **Mr. Jones** *(<u>el</u> Sr. Jones)*
> **President Sánchez** *(<u>el</u> presidente Sánchez)*
> **Mrs. Kelly** is tall and pretty.   *La Sra. Kelly es alta y bonita.*

---

c) PREPOSICIONES DE TIEMPO (IN, ON, AT)

"**In**", "**on**" y "**at**" son preposiciones muy usadas en expresiones de tiempo.

In se usa:

- Con meses, estaciones y años:

> The exam is **in** April.   *El examen es en abril.*
> It's hot **in** summer.   *Hace calor en verano.*
> He was born **in** 1975.   *Él nació en 1975.*

- Con partes del día:

> **in** the morning   *por la mañana*
> **in** the afternoon   *por la tarde*
> **in** the evening   *por la tarde/noche*
>
> pero: **at** night   *por la noche*
>
> They get up early **in** the morning.
> *Ellos se levantan temprano por la mañana.*

On se usa:

- Al referirnos a un día o a una fecha determinada:

> I go to the gym **on** Wednesdays.   *Voy al gimnasio los miércoles.*
> My birthday is **on** July, 12th.   *Mi cumpleaños es el 12 de julio.*

- Si nos referimos a un día y a una parte de ese día, se usa "on", pero desaparece "in the" delante de la parte del día:

> I usually go out **on** Saturday evenings.
> *Normalmente salgo los sábados por la noche.*

- En expresiones como "**on** the weekend / **on** weekends" *(el fin de semana/los fines de semana)*

  I never work **on** weekends.   *Nunca trabajo los fines de semana.*

At se usa:

- Al hablar de horas:

  I start work **at** 8:00.   *Empiezo a trabajar a las 8:00.*
  They have lunch **at** noon.   *Ellos almuerzan al mediodía.*

- Con ciertos períodos de tiempo:

  at Christmas   *en Navidad*
  at Easter   *en Semana Santa*

  I usually visit my family **at Christmas**.
  Normalmente visito a mi familia en Navidad.

EJERCICIOS:

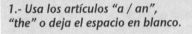

1.- Usa los artículos "a / an", "the" o deja el espacio en blanco.

a) She plays .... guitar and her brother plays ....basketball.
b) What ....difficult exercise!
c) I usually go to the movies on ....Fridays.
d) I'm staying at .... Continental Hotel.
e) ....planes are very fast.

2.- Rellena los espacios con las preposiciones "in", "on" y "at".

a) The TV program is ....8 o'clock ....the evening.
b) They often go to the disco ......Saturday evenings.
c) Do you visit your grandparents ......weekends?
d) The exam is ......September, 23rd.
e) I met her ......2007.

3.- Une las horas en número y en letra.

a) 04:25
b) 02:15
c) 02:45
d) 11:30
e) 05:50
f) 06:10

1) It's two forty-five
2) It's twenty-five after four
3) It's a quarter after two
4) It's ten to six
5) It's half past eleven
6) It's six ten

4.- ¿Cuántos meses puedes encontrar en esta serie de letras?

A F S E M A Y O F W M A R H A U G U S T
J U L I M A R C H O A R Y J U N E T Z W V
E R Y S J A N U A R Y S T

UNIDAD

11

EN ESTA UNIDAD ESTUDIAREMOS:

A) PREGUNTAR POR LUGARES.

B) NÚMEROS DEL 60 AL 999.

C) EL NÚMERO "0".

D) MEDIOS DE TRANSPORTE.

GRAMÁTICA FÁCIL:

A) EL IMPERATIVO. ÓRDENES.

B) INDICACIONES DE LUGARES.

C) EXPRESIONES DE LUGAR.

D) "HAY" (THERE IS, THERE ARE).

SITUACIÓN: Michael llega a una ciudad por primera vez. Encuentra una oficina de turismo y pregunta por algunos lugares. Natalie le atiende en la oficina.

Natalie: Good morning! How can I help you?

Michael: Good morning! **Where is** the town hall, please?

Natalie: The town hall is **at** 230, New Street, on the boardwalk.

Michael: Is it **far from here?**

Natalie: On foot, it's about thirty minutes. **By bus** or **by car**, it takes around ten minutes.

Michael: What number bus do I need to catch?

Natalie: The number 107. It stops just **in front of** the tourist office and stops just across from the town hall.

Michael: And **is there** a supermarket **near here**?

Natalie: No. The nearest supermarket is **next to** the church, **on** Smith Road.

Michael: How can I get there **on foot?**

Natalie: Go along this street up to the roundabout, then **turn right** and **walk up to** the post office. At the post office, **turn left** and **go straight ahead. Take the second**

right, and the supermarket is there, **on the corner**.

Michael: Thank you very much.

Natalie: Can I help you with anything else?

Michael: Yes. **Are there** any good bookshops in the city?

Natalie: Yes, there are. One of them is **near** the supermarket, on Smith Road.

Michael: Thank you. And, finally, could you tell me **how to get to** the train station, please?

Natalie: The train station is on Dyke Road. **Take** the number 230 bus to the shopping mall, and when you get off the bus, **turn right, go straight** and you will see the train station **in front of** you.

Michael: Thank you very much for your help. **Is there** a map of the city I can take with me?

Natalie: Yes, **there is**. One moment, please. *(She gets a map)* Here you are.

Michael: Thank you. Good bye.

DIÁLOGO 11:

Natalie: ¡Buenos días! ¿En qué puedo ayudarle?

Michael: ¡Buenos días! **¿Dónde** está el ayuntamiento, por favor?

Natalie: El ayuntamiento está **en** New Street, 230, **en** el paseo marítimo.

Michael: **¿Está lejos de aquí?**

Natalie: **A pie**, son unos treinta minutos. **En autobús** o **auto** se tardan unos diez minutos.

Michael: ¿Qué número de autobús necesito tomar?

Natalie: El número 107. Para justo **delante de** la oficina de turismo y justo **enfrente del** ayuntamiento.

Michael: ¿Y **hay** algún supermercado **cerca de aquí**?

Natalie: No. El supermercado más cercano está **junto a** la iglesia, **en** Smith Road.

Michael: **¿Cómo puedo llegar allí a pie?**

Natalie: **Siga** esta calle hasta a la rotonda, **doble a la derecha** y **camine hasta** la oficina de correos. En la oficina de correos, **doble a la izquierda** y **siga adelante**. Tome **la segunda a la derecha** y el supermercado **está en la esquina**.

Michael: Muchas gracias.

Natalie: ¿Le puedo ayudar en algo más?

Michael: Sí. **¿Hay** buenas librerías en la ciudad?

Natalie: **Sí, las hay**. Una de ellas está **cerca** del supermercado, **en** Smith Road.

Michael: Gracias. Y, por último, ¿podría decirme **cómo llegar a** la estación de trenes, por favor?

Natalie: La estación de trenes está **en** Dyke Road. **Tome** el autobús número 230 hasta el centro comercial, y, cuando se baje del autobús, **doble a la derecha**, **siga recto** y verá la estación **delante de** usted.

Michael: Muchas gracias por su ayuda. **¿Hay** algún mapa de la ciudad que me pueda llevar?

Natalie: **Sí.** Un momento, por favor. (Consigue un mapa) Aquí tiene.

Michael: Gracias. Adiós.

Mis palabras clave

LET'S SPEAK ENGLISH

a) PREGUNTAR POR LUGARES

Para preguntar dónde queda un lugar podemos decir:

Where is the post office?	*¿Dónde está la oficina de correos?*
Where's the bank?	*¿Dónde está el banco?*
Is there a school **near** here?	*¿Hay una escuela cerca de aquí?*
Is the shop **near** here?	*¿Está la tienda cerca de aquí?*
Is it **far from** here?	*¿Está lejos de aquí?*

Y si lo que queremos es preguntar cómo llegar a un lugar, la forma más habitual de hacerlo es:

How can I get to....?
¿Cómo puedo llegar a...? ¿Cómo se va a .....?

How can I get to the city center?
¿Cómo puedo llegar al centro de la ciudad?

How can I get to the stadium?
¿Cómo puedo llegar al estadio?

How can I get to the museum?
¿Cómo se va al museo?

b) NÚMEROS DEL 60 AL 999

60 sixty	**101** one hundred one	**700** seven hundred
70 seventy	**200** two hundred	**800** eight hundred
80 eighty	**227** two hundred	**871** eight hundred
90 ninety	twenty-seven	seventy-one
	300 three hundred	**900** nine hundred
100 { one hundred / a hundred	**400** four hundred	**999** nine hundred
	500 five hundred	ninety-nine
	600 six hundred	

La palabra **"hundred"** (cien) no tiene plural cuando le precede un número:

I have <u>three</u> **hundred** eighty-two dollars.
Tengo trescientos ochenta y dos dólares.

644: six hundred forty-four
178: one / a hundred seventy-eight
506: five hundred six
431: four hundred thirty-one

Hay países de lengua inglesa en los que se añade **"and"** entre "hundred" y las decenas: I have three <u>hundred</u> **and** <u>eighty</u>-two dollars.

c) EL NÚMERO "0"

Veamos dos formas de decir y escribir este número:

• **zero** (pronúnciese /zírou/) se utiliza en términos matemáticos, científicos o para decir la temperatura.

The temperature is 0°C (**zero** degrees Celsius).
La temperatura es 0°C.

• **oh** (pronúnciese /ou/) se usa para la hora, direcciones, habitaciones de hotel, etc.

It's 7:05 (seven **oh** five). *Son las siete y cinco.*

Como ya aprendimos en un capítulo anterior, tanto "zero" como "oh" se usan para decir números telefónicos:

My phone number is 748 93021
(seven-four-eight-nine-three- **zero/oh**-two-one)

d) MEDIOS DE TRANSPORTE – *MEANS OF TRANSPORT*

Para expresar el medio de transporte que utilizamos hacemos uso de **"by"** (en).

by	car	*(en coche)*	
	taxi	*(en taxi)*	
	bus	*(en autobús)*	pero: **on** foot *(a pie)*
	train	*(en tren)*	
	plane	*(en avión)*	

She goes to school **by** <u>bus</u>. *Ella va al colegio en autobús.*
They come home **by** <u>car</u>. *Ellos vienen a casa en auto.*
I can go to your house **on** <u>foot</u>. *Yo puedo ir a tu casa a pie.*

GRAMÁTICA FÁCIL

a) EL IMPERATIVO. ÓRDENES

El imperativo es la estructura que usamos para dar órdenes o instrucciones. Se forma con el infinitivo del verbo, sin ningún pronombre delante.

Open the door!	*¡Abre la puerta!*
Shut up!	*¡Cállate!*
Shake before use.	*Agitar antes de usar.*

Cuando se quiera dar una orden o instrucción negativa, hay que añadir **"don't"** delante del infinitivo:

Don't open the door!	*¡No abras la puerta!*
Don't talk nonsense!	*¡No digas tonterías!*
Don't phone before six.	*No llame antes de las seis.*

b) INDICACIONES DE LUGARES

Cuando se indica cómo llegar a un lugar, se suelen utilizar las siguientes expresiones:

To **go along** the street ⟶	seguir la calle
To **go straight ahead / on** ⟶	seguir adelante / derecho
To **go across** the street ⟶	cruzar la calle
To **go / walk (up) to....** ⟶	ir hasta …
To **turn right / left** ⟶	doblar a la derecha / izquierda
To **take the second right / left** ⟶	tomar la segunda calle a la derecha / izquierda

Dichas expresiones se usan en imperativo:

Go straight ahead, take the second right, go across the street, turn left, go up to the square and there is the shoe shop.
Siga adelante, tome la segunda calle a la derecha, cruce la calle, doble a la izquierda, vaya hasta la plaza y allí está la zapatería.

c) EXPRESIONES DE LUGAR

Estas expresiones se utilizan para describir la ubicación de un lugar. Entre ellas están:

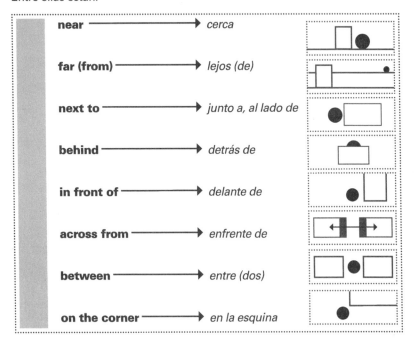

near ⟶	cerca
far (from) ⟶	lejos (de)
next to ⟶	junto a, al lado de
behind ⟶	detrás de
in front of ⟶	delante de
across from ⟶	enfrente de
between ⟶	entre (dos)
on the corner ⟶	en la esquina

The hairdresser's is **on the corner**.
La peluquería está en la esquina.

The bank is **between** the bakery and the school.
El banco está entre la panadería y la escuela.

There's a gym **across from** the supermarket.
Hay un gimnasio enfrente del supermercado.

My house is **next to** the florist's.
Mi casa está junto a la floristería.

Her car is **near** the church.
Su auto está cerca de la iglesia.

I live **far from** you.
Yo vivo lejos de ti.

• Para referirse a una calle se usa la preposición **"on"**:

The shopping mall is **on** Oak Street.
El centro comercial está en la calle Oak.

Pero si es una dirección, es decir, calle y número, se usa **"at"**:

Her house is **at** <u>56, Madison Avenue</u>.
Su casa está en la avenida Madison, n° 56.

d) "HAY" (THERE IS, THERE ARE)

La expresión impersonal **"hay"** equivale a las formas **"there is"** y **"there are"**.

• **"There is"** se utiliza con **nombres incontables o nombres contables en singular** y se puede contraer en **"there's"**:

There's some milk in the glass.
Hay leche en el vaso.

There is a church on Galven Street.
Hay una iglesia en la calle Galven.

• **"There are"** se usa con **nombres contables en plural** y no se puede contraer:

There are two shops near my house. *Hay dos tiendas cerca de mi casa.*

• En negaciones se usan **"there isn't (there is not)"** y **"there aren't (there are not)"**:

There isn't a bank there.   *No hay un banco allí.*
There aren't three hotels in the city.   *No hay tres hoteles en la ciudad.*

• Para realizar preguntas se invierte el orden: **Is there...?**, **Are there ...?**

Is there a post office near here?
¿Hay una oficina de correos cerca de aquí?

Are there any music stores?
¿Hay tiendas de música?

• Las preguntas anteriores se pueden responder afirmativa y negativamente, de forma corta:

Is there a post office near here? **Yes, there is**.
¿Hay una oficina de correos cerca de aquí? Sí, la hay.

Are there any music stores? **No, there aren't**.
¿Hay tiendas de música? No, no hay.

EJERCICIOS:

1.- ¿Cuál es la respuesta a la pregunta: How are you going?

a) On plane
b) With plane
c) By plane
d) In plane

2.- Escribe estos números en letra:

a) 76:..
b) 864:..
c) 109:..
d) 543:..
e) 327:..

3.- Ordena las palabras para formar frases.

a) up 's hurry late ! it.
b) the ! open don't window
c) your eat sandwich !
d) an don't car buy old.
e) me to listen !

4.- Completa los espacios con: between, next to, on, far, at.

a) The bank is ....
the school and the post office.

b) China is ....
from Mexico.

c) I live ....
23, Drafton Road.

d) Canada is ....
the United States.

e) The shop is ....
Daffodil Street.

5.- Usa correctamente "there is" y "there are" en afirmaciones, negaciones y preguntas.

a) ....a gym near here?
b) ....two pictures.
.........................only one.
c) ....some money on the table.
d) ....sixty minutes in an hour.

UNIDAD

12

EN ESTA UNIDAD ESTUDIAREMOS:

LET'S SPEAK ENGLISH:

A) LLAMAR POR EL NOMBRE.

B) LA PALABRA "RIGHT".

GRAMÁTICA FÁCIL:

A) EL PASADO SIMPLE DEL VERBO "TO BE".

B) EL PASADO SIMPLE DE LOS VERBOS REGULARES.

C) EL PASADO SIMPLE DE LOS VERBOS IRREGULARES.

SITUACIÓN: Sally es guía turística y está hablando con Luke Jenkins, un cliente de un hotel.

Sally: Good afternoon, Mr. Jenkins.

Luke: Please, call me Luke.

Sally: All right then, Luke. Are you enjoying your stay in the city?

Luke: Yes, thank you. **Yesterday** we **went** sightseeing and **had** a good time. We **had dinner** in a really good place, next to the bridge.

Sally: I know that place. It's called "The Black Tree", isn't it?

Luke: That's right.

Sally: And **what did you do last night**?

Luke: We **went** to a good bar downtown, but it **was** very expensive.

Sally: You're right. Downtown is very expensive for going out. When **did you arrive** in the city?

Luke: We arrived a week ago. We **stayed** in another hotel before we **came here**.

Sally: What other monuments **did you visit**?

Luke: Well, **last week** we **visited** the palace and some old churches. They **were** magnificent.

Sally: And what are you going to do this afternoon?

Luke: Well, **right now** I'd like to have a rest. We **spent** all morning walking around downtown. My wife **wanted** to go shopping!

Sally: Well, have a good rest, Luke. Don't forget to wake up in time for the fireworks tonight!

Luke: Ok. Thank you.

Sally: If you need any more help or information, I'm **right here**.

DIÁLOGO 12:

Sally: *Buenas tardes, Sr. Jenkins.*

Luke: Por favor, llámame Luke.

Sally: De acuerdo, *Luke. ¿Están disfrutando su estadía en la ciudad?*

Luke: *Sí, gracias.* **Ayer estuvimos de turismo** *y la* **pasamos** *muy bien.* **Cenamos** *en un sitio realmente bueno, junto al puente.*

Sally: *Conozco ese lugar. Se llama "The Black Tree", ¿verdad?*

Luke: ¡Así es!

Sally: *¿Y qué* **hicieron anoche?**

Luke: Fuimos *a un buen bar en el centro de la ciudad, pero* **era** *muy caro.*

Sally: Tiene razón. *El centro de la ciudad es muy caro para salir. ¿Cuándo* **llegaron** *ustedes a la ciudad?*

Luke: Llegamos hace una

semana. *Nos* **quedamos** *en otro hotel antes de* **venir aquí.**

Sally: : *¿Qué otros monumentos visitaron?*

Luke: *Bueno,* **la semana pasada visitamos** *el palacio y algunas iglesias antiguas.* **Eran** *magníficas.*

Sally: *¿Y qué van a hacer esta tarde?*

Luke: *Bueno,* **ahora mismo** *me gustaría descansar.* **Pasamos** *toda la mañana caminando por el centro de la ciudad. ¡Mi esposa* **quería** *ir de compras!*

Sally: *Bueno, que descanse, Luke. No olvide despertarse a tiempo para los fuegos artificiales de esta noche.*

Luke: *De acuerdo. Gracias.*

Sally: *En caso de que necesite mas información, estaré* **aquí mismo.**

Mis palabras clave

LET'S SPEAK ENGLISH

a) LLAMAR POR EL NOMBRE

Cuando queramos que alguien nos llame por nuestro nombre o por cualquier apelativo, podemos utilizar cualquiera de las expresiones siguientes:

My name is James but
{ **please, call me Jimmy.**
you can call me Jimmy.
just call me Jimmy. }

Me llamo James pero
{ *por favor, llámame Jimmy.*
me puedes llamar Jimmy.
llámame simplemente Jimmy. }

b) LA PALABRA "RIGHT"

La palabra **"right"** se puede utilizar en diferentes situaciones y a continuación vamos a mostrar algunas expresiones que la contienen:

"All right" se utiliza para mostrar acuerdo. Equivale a *"está bien", "de acuerdo".*	- Is she British? - No, she is Australian. - Ah! **All right**.	- *¿Es ella británica?* - *No, es australiana.* - *Ah, de acuerdo.*
"That's right" se usa para confirmar algo que se ha dicho. Equivale a *"así es", "eso es".*	- So you live in Florida. - Yes, **that's right!**	- *Así que vives en Florida.* - *Sí, así es.*
"Right here" equivale a *"aquí mismo",* al igual que **"right there"** a *"allí mismo".*	Leave this parcel right here. *Deja este paquete aquí mismo.* You can buy the newspaper right there. *Puedes comprar el periódico allí mismo.*	
"Right now" significa *"ahora mismo".*	I'm studying English right now. *Ahora mismo estoy estudiando inglés.*	
"To be right" (I'm right, you're right, he's right....) significa *"tener razón".*	- Barbara looks like Annie. - Yes, **you're right.**	- *Bárbara se parece a Annie.* - *Sí, tienes razón.*

GRAMÁTICA FÁCIL

El <u>pasado simple</u> es el tiempo que usamos cuando nos referimos a <u>acciones</u> que ocurrieron <u>en el pasado</u> y ya están <u>acabadas</u>.
A continuación estudiaremos el pasado simple tanto de verbos regulares como irregulares, así como del verbo "to be".

a) EL PASADO SIMPLE DEL VERBO "TO BE"

Se refiere a estados o situaciones que tuvieron lugar en el pasado y ya finalizaron. Tiene dos formas: **"was"** y **"were"**, según la persona que realizara la acción.

De manera afirmativa:

I	**was**	*yo era, estaba, fui, estuve*
you	**were**	*tú eras, estabas, fuiste, estuviste* *usted era, estaba, fue, estuvo*
he	**was**	*él era, estaba, fue, estuvo*
she	**was**	*ella era, estaba, fue, estuvo*
it	**was**	*(ello) era, estaba, fue, estuvo*
we	**were**	*nosotros/as éramos, estábamos, fuimos, estuvimos*
you	**were**	*ustedes eran, estaban, fueron, estuvieron*
they	**were**	*ellos/as eran, estaban, fueron, estuvieron*

I **was** in Chicago in 2007.   *Estuve en Chicago en 2007.*
He **was** at the party.   *Él estuvo en la fiesta.*
They **were** ill last week.   *Ellos estuvieron enfermos la semana pasada.*

Para hacer frases negativas utilizaremos **"was not (wasn't)"** y **"were not (weren't)"**:

I **wasn't** there.   *Yo no estaba/estuve allá.*
You **weren't** happy.   *Tú no eras feliz.*

Para preguntar, colocamos **"was"** y **"were"** delante del sujeto:

Were you tired after the match? ¿Estaban ustedes cansados después del partido?

When **was** she a model? ¿Cuándo fue ella modelo?

En respuestas cortas:

Was Linda a teacher? { Yes, she **was**.
No, she **wasn't**.

¿Era Linda profesora? { Sí, lo era.
No, no lo era.

Were they at work yesterday? { Yes, **they were**.
No, **they weren't**.

¿Estuvieron ellos en el trabajo ayer? { Sí.
No.

b) EL PASADO SIMPLE DE LOS VERBOS REGULARES

Un verbo es regular cuando su pasado y su participio se forman añadiendo **"-ed"** al infinitivo del verbo. Tienen una única forma para todas las personas.

Formas del pasado simple.

En frases afirmativas: [To clean: *limpiar*]

I	**cleaned**	yo limpié, limpiaba
you	**cleaned**	tú limpiaste, limpiabas / usted limpió, limpiaba
he	**cleaned**	él limpió, limpiaba
she	**cleaned**	ella limpió, limpiaba
it	**cleaned**	limpió, limpiaba
we	**cleaned**	nosotros/as limpiamos, limpiábamos
you	**cleaned**	ustedes limpiaron, limpiaban
they	**cleaned**	ellos/as limpiaron, limpiaban

Para formar el pasado de un verbo regular:

1) La regla general es añadir "ed" al infinitivo del verbo: work-worked.

I **worked** for that company. ——▶ *Yo trabajé para esa compañía.*

2) Si el infinitivo acaba en "e", sólo se añade "d": live-lived.

She **lived** in London. ——▶ *Ella vivió/vivía en Londres.*

3) Cuando el infinitivo acaba en "y":

• Si la "y" tiene delante una vocal, se añade "ed": play-played.

They **played** basketball. ——▶ *Ellos jugaron/jugaban al baloncesto.*

• Si la "y" tiene delante una consonante, cambia a "i" y se añade "ed": study-studied.

We **studied** for the test. ——▶ *Estudiamos para el examen.*

4) Si el infinitivo acaba en la serie de letras "consonante-vocal-consonante" y la última sílaba del mismo es la acentuada, antes de añadir "ed" se dobla la última consonante: plan-planned.

I **planned** my holidays last month. ——▶ *Planeé mis vacaciones el mes pasado.*

5) Pero si el infinitivo acaba en "consonante-vocal-consonante" y la última sílaba no recibe el acento, sólo se añade "ed": visit-visited.

I **visited** my aunt last week ——▶ *Visité a mi tía la semana pasada.*

Hay que hacer notar que en algunos países de lengua inglesa, si se cumple esta última regla (caso 5) pero el infinitivo acaba en "l", ésta se duplica antes de añadir "-ed".

cancel *(cancelar)* – cancelled   travel *(viajar)* – travelled

Para hacer frases negativas en pasado usamos el auxiliar "did not (didn't)", que acompañará al verbo en infinitivo (no en pasado):

My mother **didn't live** in the USA *Mi madre no vivía/vivió en los EEUU*
They **didn't work** in the morning *Ellos no trabajaron/trabajaban por la mañana*

Para realizar preguntas se utiliza "did" delante del sujeto y del verbo en infinitivo (no en pasado):

Did you **travel** to Europe last year? *¿Viajaste a Europa el año pasado?*
When **did** she **visit** her family? *¿Cuándo visitó ella a su familia?*

"Did" y "didn't" se usan también en respuestas cortas:

Did you like the film? { Yes, **I did** / No, **I didn't** }   ¿Te gustó la película? { Sí, me gustó / No, no me gustó }

c) EL PASADO SIMPLE DE LOS VERBOS IRREGULARES

Un verbo es irregular cuando su pasado, su participio, o ambos, no se forman añadiendo "ed" al infinitivo del verbo.
Son muchos los verbos que son irregulares en inglés y cada uno con un tipo de irregularidad, por lo que la única regla para aprenderlos será practicarlos y memorizarlos. En la unidad 15 se puede consultar la lista de verbos irregulares.

Para usarlos de forma afirmativa, se toma el verbo en pasado y éste es igual para todas las personas: [To go: *ir.* Pasado: *went*]

We **went** to the theater last month.	*Fuimos al teatro la semana pasada.*
She **went** to Paris in November.	*Ella fue a París en noviembre.*
They **went** to school in the morning.	*Ellos fueron a la escuela por la mañana.*
I **went** to bed late.	*Me fui a la cama tarde.*

En frases negativas, al igual que con los verbos regulares, utilizaremos "didn't" y el infinitivo del verbo:

My parents **didn't buy** a new car.	*Mis padres no compraron un auto nuevo.*
I **didn't break** the vase.	*Yo no rompí el jarrón.*
She **didn't sing** her songs.	*Ella no cantó sus canciones.*
Our dog **didn't eat** meat.	*Nuestro perro no comió carne.*

Para hacer preguntas usamos "did" delante del sujeto y el verbo en infinitivo:

Did you see Tom?	*¿Viste a Tom?*
What **did** you do?	*¿Qué hiciste?*

En respuestas cortas:

Did you read the newspaper yesterday?	{ Yes, **I did**. No, **I didn't**.	*¿Leíste el periódico ayer?*	{ *Sí.* *No.*

Al usar el pasado, muchas veces aparecerán también expresiones de tiempo, como:

1) Yesterday – *ayer.*
He didn't come to the meeting **yesterday**. *Él no vino a la reunión ayer.*

- Si decimos "yesterday" y una parte del día, no se usan artículos ni preposiciones entre ambas palabras:

They phoned me **yesterday morning**. *Ellos me telefonearon ayer por la mañana.*	**NO →** They phoned me yesterday in the morning.
Did she study **yesterday evening**? *¿Estudió ella ayer por la noche?*	**NO →** Did she study yesterday in the evening?

2) Otras expresiones son:

last
- night ⟶ *anoche (la pasada noche)*
- week ⟶ *la semana pasada*
- month ⟶ *el mes pasado*
- year ⟶ *el año pasado*

I saw your cousin **last week**.
She didn't watch TV **last night**.
They bought their apartment
last year.

Vi a tu prima la semana pasada.
Ella no vio la televisión anoche.
*Ellos compraron su apartamento
el año pasado.*

3) Y también: <u>período de tiempo</u> + **ago**

*hace + período de tiempo
(período de tiempo + atrás)*

I met your father <u>two months</u> **ago**.

*Conocí a tu padre hace dos
meses (dos meses atrás).*

We sent that letter <u>three weeks</u> ago.

*Enviamos esa carta hace
tres semanas.*

EJERCICIOS:

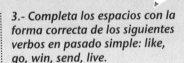

1.- Encuentra el pasado simple de estos verbos: arrive, buy, come, do, eat, find, like, play, see, study.

W	D	E	I	D	U	T	S
H	I	B	N	E	T	A	B
S	A	W	A	D	R	O	P
F	C	V	K	R	U	L	W
O	A	D	I	G	A	I	D
U	M	V	H	Y	S	K	U
N	E	T	E	U	T	E	T
D	I	D	K	W	E	D	N

2.- Elige la respuesta correcta.

a) John was / were at school yesterday.
b) Was / were they in Madrid? Yes, they was / were.
c) I wasn't / weren't hungry.
d) We was / were at home.
e) Michael and I was / were here yesterday.

3.- Completa los espacios con la forma correcta de los siguientes verbos en pasado simple: like, go, win, send, live.

a) She ....two emails yesterday.

b) They didn't .... in Panama.

c) Did you .... the competition?

d) She .... going to the movies.

e) I ....to work by bus.

UNIDAD

13

EN ESTA UNIDAD ESTUDIAREMOS:

SITUACIÓN: Nicola está en el mercado. Quiere comprar algunos alimentos. John le atiende en su establecimiento.

Nicola: Good morning. **I'll take a dozen eggs**, please. **How much** are they?

John: They're $1.20 for **a dozen**. Anything else?

Nicola: Yes. I'd like **some carrots** too. **How many** can I get for $2.50?

John: About ten. Or you can buy **a bag of carrots** for $2.00.

Nicola: Ok. **I'll take a bag of carrots**. Have you got **any spinach**?

John: Yes, there's **some** there, next to the **tomatoes**.

Nicola: Oh, it looks a bit old. I think **I'll take some cabbage** instead.

John: That's fine. Anything else?

Nicola: **A piece of cheese**, please. The cheddar looks nice.

John: It's very good cheese.

Nicola: **How much** is it?

John: It's $4.45 a pound.

Nicola: Ok. I**'ll take some beef** steaks as well.

John: How many?

Nicola: Three, please. And a **bag of potatoes**. **How much** are the grapes?

John: They're $2.50 for **a bunch**.

Nicola: I don't know. That's a bit expensive. But they look nice... **I'll take them! A bunch of grapes** too, please.

John: Is that all?

Nicola: Just one more thing. Have you got **any milk**?

John: Yes, it's there, next to the **cheese**.

Nicola: Ok. **I'll take** two **cartons of milk**. **How much** is that all together?

John: That's $15.50.

Nicola: Here you are.

John: Would you like a bag?

Nicola: Yes, please. Thank you very much. Goodbye!

DIÁLOGO 13:

Nicola: *¡Buenos días!* **Me llevaré una docena de huevos,** *por favor.* **¿Cuánto cuesta?**

John: *Cuesta $1.20* **la docena.** *¿Algo más?*

Nicola: *Sí. Quisiera* **algunas zanahorias** *también.* **¿Cuántas** *me puedo llevar por $2.50?*

John: *Unas diez. O puede comprar* **una bolsa de zanahorias** *por $2.00.*

Nicola: *De acuerdo. Me llevo la bolsa de zanahorias. ¿Tiene* **espinacas?**

John: *Sí, hay* **algunas** *allá, junto a los* **tomates.**

Nicola: *¡Oh! Parecen un poco pasadas. Creo, en cambio, que* **me llevaré algo de col.**

John: *Está bien. ¿Algo más?*

Nicola: Un trozo de queso, *por favor. El cheddar tiene buen aspecto.*

John: *Es muy buen queso.*

Nicola: ¿Cuánto cuesta?

John: *$4.45 la libra.*
Nicola: *De acuerdo.*

Me llevaré algunos filetes de res *también.*

John: ¿Cuántos?

Nicola: *Tres, por favor.*
Y **una bolsa de papas.** *¿Cuánto* **cuestan** *las uvas?*

John: *Cuestan $2.50* **el racimo.**

Nicola: *No sé. Son un poco caras. Pero tienen buen aspecto.....*
¡Me las llevo!
Un racimo de uvas *también, por favor.*

John: *¿Es todo?*

Nicola: *Una cosa más. ¿Tiene* **leche?**

John: *Sí, está allá, junto al* **queso.**

Nicola: *Bien.* **Me llevaré dos cartones de leche.** *¿Cuánto es todo junto?*

John: *Son $15.50.*

Nicola: *Aquí tiene.*

John: *¿Quiere una bolsa?*

Nicola: *Sí, por favor. Muchas gracias. Adiós.*

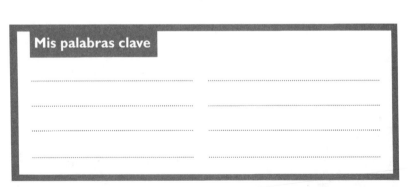

Mis palabras clave

LET'S SPEAK ENGLISH

a) VOCABULARIO: LOS ALIMENTOS – FOOD

Aprendamos un poco de vocabulario acerca de los alimentos:

vegetables *verduras, vegetales*		**dairy products** *productos lácteos*	
tomato	tomate	**milk**	leche
cucumber	pepino	**cheese**	queso
cabbage	col	**butter**	mantequilla
lettuce	lechuga	**cream**	nata, crema
carrot	zanahoria	**yoghurt**	yogurt
spinach	espinaca		
onion	cebolla	**fruit** *fruta*	
pepper	pimiento		
potato	papa	**orange**	naranja
		apple	manzana
meat *carne*		**banana**	plátano, banana
		pineapple	piña
beef	carne de res	**grapes**	uvas
lamb	cordero	**strawberry**	fresa
chicken	pollo	**lemon**	limón
pork	cerdo	**mango**	mango
steak	filete		
fish and seafood *pescado y marisco*		**others** *otros*	
sardine	sardina	**rice**	arroz
tuna	atún, tuna	**corn**	maíz
mussels	mejillones	**flour**	harina
prawn	langostino	**egg**	huevo
lobster	langosta	**pasta**	pasta

b) FORMAS DE PRESENTAR PRODUCTOS

Los alimentos se suelen presentar con distintos tipos de envase o contenedor, o bien en ciertas cantidades. Así:

a bag of potatoes	*una bolsa (funda) de papas*
a bottle of wine	*una botella de vino*
a box of cereal	*una caja de cereales*
a bunch of grapes	*un racimo de uvas*
a can of coke	*una lata de cola*
a carton of milk	*un cartón de leche*
a dozen eggs*	*una docena de huevos*
a jar of jam	*un bote de mermelada*
a loaf of bread	*una pieza de pan (un pan)*
a piece of cheese	*un trozo (porción) de queso*
a six-pack of beer	*un pack de seis cervezas*

(*) Esta expresión no usa la preposición "of".

We need to buy **a carton of** orange juice, **a bunch of** bananas, **two cans** of beer, **a dozen** eggs and **a loaf of** bread for the dinner.

Necesitamos comprar un cartón de jugo de naranja, un racimo de plátanos, dos latas de cerveza, una docena de huevos y una pieza de pan para la cena.

c) PEDIR UN PRODUCTO EN UNA TIENDA

Cuando se pide un producto en una tienda, se pueden utilizar varias estructuras:

Formal:	**I'd like to have / take....**	*Me gustaría llevarme .....*
Neutra:	**I'll take...**	*Me llevaré ....*
Coloquial:	**I want.....**	*Quiero ....*

- Good morning! **I'll take** a piece of cheese and a bottle of milk.
- Here you are.
- Thank you.

- *¡Buenos días! Me llevaré una porción de queso y una botella de leche.*
- *Aquí tiene.*
- *Gracias.*

GRAMÁTICA FÁCIL

a) NOMBRES CONTABLES E INCONTABLES

Los nombres contables son precisamente aquellos que se pueden contar, es decir, los que pueden llevar delante un número. Por tanto son aquellos que tienen plural.

a **book**	un libro	six **houses**	seis casas
four **flowers**	cuatro flores	three **oranges**	tres naranjas
two **eggs**	dos huevos	eleven **people***	once personas

(*) La palabra "people", aunque generalmente se traduce por "gente", también es el plural de "person", por lo que es contable.

Los nombres incontables son aquellos que no tienen plural, ni pueden ir precedidos por un número; por lo tanto, no se pueden contar.
Entre ellos están los nombres de líquidos, gases, materiales y sustancias en general, nombres abstractos, cualidades, etc.

rice	arroz	**chocolate**	chocolate
air	aire	**bread**	pan
sugar	azúcar	**money**	dinero
love	amor	**oil**	aceite, petróleo

Los nombres incontables hacen conjugar al verbo en 3ª persona del singular (como he, she o it):

Olive oil **is** expensive but healthy.
El aceite de oliva es caro pero saludable.

There **is** some sugar on the table.
Hay azúcar en la mesa.

Algunos nombres se pueden contabilizar por medio de otras expresiones:

water —▶ **two glasses** of water	agua —▶ dos vasos de agua
shampoo —▶ **a bottle of** shampoo	champú —▶ una botella de champú
cheese —▶ **three pieces of** cheese	queso —▶ tres porciones de queso
tea —▶ **a cup of** tea	té —▶ una taza de té

Los nombres, tanto contables como incontables, suelen ir acompañados de unos cuantificadores, que son adverbios y expresiones de cantidad, que tratamos a continuación.

b) CUANTIFICADORES (SOME, ANY)

Los cuantificadores son adverbios que nos indican la cantidad de alguna cosa. En este capítulo trataremos los siguientes:

Some: Se utiliza en frases afirmativas.

Con nombres incontables indica cierta cantidad, o sea, "algo":

There is **some** water in the glass.
Hay (algo de) agua en el vaso.

Delante de nombres contables también indica cierta cantidad, es decir, "algunos":

There are **some** eggs in the fridge.
Hay (algunos) huevos en el refrigerador.

"Some" también puede aparecer en preguntas, pero únicamente cuando se pide o se ofrece algo:

Can I have **some** salt for the steak, please?
¿Me puede dar sal para el filete, por favor?

Would you like **some** wine?
¿Quiere vino?

Any: Se usa en frases negativas y preguntas.

En frases negativas:

• Delante de nombres incontables equivale a "nada":

There isn't **any** sugar for the cake.
No hay (nada de) azúcar para el pastel.

• Ante sustantivos contables significa "ningún/a":

There aren't **any** watches in the shop.
No hay relojes en la tienda. (Ningún reloj)

En preguntas:

• Delante de nombres incontables equivale a "algo":

Is there **any** milk in the carton?
¿Hay (algo de) leche en el cartón?

• Ante sustantivos contables significa "algunos/as":

Are there **any** pictures on the walls?
¿Hay (algunos) cuadros en las paredes?

Hay que tener en cuenta que, aunque en español no se traduzcan, en inglés sí que hay que usar "some" o "any" en los casos citados.

c) PREGUNTAR ACERCA DE CANTIDADES Y PRECIOS

Para preguntar por cantidades se utilizan dos expresiones:

How much? Se usa con nombres incontables y equivale a "¿cuánto/a?":

How much coffee do you want?
¿Cuánto café quieres?

How much cheese is there?
¿Cuánto queso hay?

How many? Se usa con nombres contables y equivale a "¿cuántos/as?":

How many lamps did you buy?
¿Cuántas lámparas compraste?

How many people are there?
¿Cuántas personas hay?

Pero para preguntar el precio de algún producto no se suele utilizar la palabra "money", sino simplemente: **how much + is/are...?**

How much is the car?   *¿Cuánto vale el auto?*
How much are the tickets?   *¿Cuánto valen los boletos?*

d) USO DE LA FORMA "WILL" PARA DECISIONES ESPONTÁNEAS

Cuando alguien toma una decisión de manera espontánea expresa la idea con "**will**" + infinitivo del verbo. "Will" se contrae con el sujeto ('ll).

(The doorbell is ringing). **I'll** open the door.
(Suena el timbre). Abriré la puerta.

- John, there aren't any potatoes.   - *John, no hay papas.*
- Ok. **I'll** buy some.   - *Bueno, compraré algunas.*

- Peter, it's raining!   - *Peter, está lloviendo.*
- Don't worry. **We'll** take the umbrella.   - *No te preocupes.*
                              Llevaremos el paraguas

EJERCICIOS:

1.- Señala si estos nombres son contables (C) o incontables (I).

a) house.....
b) money.....
c) water.....
d) table.....
e) orange.....
f) orange juice .....
g) teacher .....
h) love .....
i) computer .....
j) people .....

2.- Completa los espacios con "some" o "any".

a) Did you do .... exercise?
b) I don't like .... program.
c) She saw .... people in the park.
d) They don't buy .... newspaper.
e) I'd like .... sugar, please.

3.- Corrige los errores donde sea necesario.

a) How many students is there in your class?
b) How much apples do you want?
c) How much is the meat?
d) There isn't some bread.
e) How many pencils does he need?

4.- Relaciona con flechas.

a) We don't have any milk.   1) I'll open it.

b) The door is closed.   2) I'll clean it.

c) The room is dirty.   3) I'll buy some.

UNIDAD

14

EN ESTA UNIDAD ESTUDIAREMOS:

LET'S SPEAK ENGLISH:

A) USOS DE "HOW" (I).

GRAMÁTICA FÁCIL:

A) EXPRESAR MUCHA O POCA CANTIDAD.

B) PRONOMBRES INDEFINIDOS.

C) LISTADO DE VERBOS REGULARES (PASADO).

SITUACIÓN: Paula y Jack están comprando muebles para su nuevo apartamento.

Paula: How about this couch?

Jack: I don't know. **How wide** is the living room? It looks too big...

Paula: Well, when we measured the room it was four metres wide.

Jack: That's fine, then. But I don't like the color.

Paula: How lovely! Look at this one. It's bright red, just like the carpet.

Jack: I think that'll be **a lot of** red in one room. I prefer the blue one.

Paula: How about going to another shop? **Somebody** told me there is a good one just down the road.

Jack: Yes, there aren't **many** different couches here. (They go to the other shop)

Paula: Oh! **How wonderful!** Look **how much** choice there is here!

Jack: Let's look for some pictures as well. We don't have **anything** to put on the walls.

Paula: That's a good idea. Maybe some cushions too. But I can't see them **anywhere**. This shop's so big...

Jack: I can see them over there, by the curtains.

Paula: Everybody says this shop is very good, and they're right! Look at these curtains!

Jack: They're really nice. We can put them in our bedroom.

Paula: Yes, we haven't got many things for the bedroom yet.

Jack: And how about this carpet?

Paula: Er, no! It's horrible!

Jack: Well, I like it.

Paula: Let's go and look for **something** nicer.

Jack: We need some chairs as well. We've only got **a few**.

Paula: Ok, but first, let's look at these pictures...

DIÁLOGO 14:

Paula: **¿Qué te parece** este sofá?

Jack: No sé. **¿Cómo es de ancho** el salón? *Parece demasiado grande...*

Paula: Bueno, cuando medimos la habitación, tenía cuatro metros de ancho.

Jack: Está bien, entonces. Pero no me gusta el color.

Paula: **¡Qué bonito!** Mira éste. Es rojo fuerte, como la alfombra.

Jack: Creo que será **mucho** rojo en una habitación. Prefiero el azul.

Paula: **¿Qué tal si vamos** a otra tienda? **Alguien** me dijo que hay una buena bajando la calle.

Jack: Sí, no hay **muchos** sofás diferentes aquí.
(Ellos van a la otra tienda)

Paula: ¡Oh! **¡Qué maravilla!** Mira **cuánta** gama hay aquí.

Jack: Busquemos algunos cuadros también. No tenemos **nada** que poner en las paredes.

Paula: Es una buena idea. Quizás algunos cojines también. Pero no los veo **por ningún sitio**. Esta tienda es tan grande...

Jack: Los veo por allá, junto a las cortinas.

Paula: **Todo el mundo** dice que esta tienda es muy buena, ¡y llevan razón! ¡Mira esas cortinas!

Jack: Son realmente bonitas. Podemos ponerlas en nuestra habitación.

Paula: Sí, no tenemos **muchas** cosas para la habitación todavía.

Jack: **¿Y qué tal** esta alfombra?

Paula: Er, ¡no! ¡Es horrible!

Jack: Bueno, a mí me gusta.

Paula: Vayamos a buscar **algo** más bonito.

Jack: Necesitamos algunas sillas también. Sólo tenemos **unas pocas.**

Paula: De acuerdo. Pero primero, miremos estos cuadros...

Mis palabras clave

LET'S SPEAK ENGLISH

a) USOS DE "HOW" (I)

En un capítulo posterior estudiaremos muchos usos de "how", pero a continuación veremos tres de ellos:

Para hacer proposiciones u ofrecimientos se utiliza **"how about...?"** (*¿Qué te parece...?¿Qué tal si...?*).

"How about" puede ir seguido de:

1) Un verbo. En este caso, el verbo será un gerundio (infinitivo + ing).

> **How about** <u>going</u> to the movies?
> *¿Qué tal si vamos al cine?*

> **How about** <u>eating</u> out tonight?
> *¿Qué te parece si salimos a cenar esta noche?*

2) Un nombre o un pronombre.

En estos casos, la equivalencia en español puede ser también *¿Y...?, ¿Qué tal...?*

> **How about** <u>Jack</u>? *¿Qué tal Jack? / ¿Y Jack?*

> **How about** <u>you</u>? *¿Y tú? / ¿Qué tal tú?*

> **How about** <u>this cell phone</u>?
> *¿Qué te parece este celular?*
> *¿Qué tal este celular?*

3) Un adjetivo. En este caso lo usamos cuando mostramos sorpresa.

How <u>nice</u>!	*¡Qué bonito!*
How <u>interesting</u>!	*¡Qué interesante!*
How <u>expensive</u>!	*¡Qué caro!*
How <u>hard</u>!	*¡Qué duro!*
How <u>terrible</u>!	*¡Qué mal! ¡Qué terrible!*
How <u>funny</u>!	*¡Qué divertido!*

- This is my new car.
- **How nice!**

- *Este es mi auto nuevo.*
- *¡Qué bonito!*

- She went to China last year.
- **How interesting!**

- *Ella fue a China el año pasado.*
- *¡Qué interesante!*

- I paid a fortune for this house.
- **How expensive!**

- *Pagué una fortuna por esta casa.*
- *¡Qué cara!*

Pero **"How"** también va delante de un adjetivo cuando preguntamos por las características de algo o alguien:

[wide: *ancho*] **How wide** is the road?
¿Cómo es de ancha la carretera?
¿Cuánto mide de ancho la carretera?

[tall: *alto*] **How tall** is your sister?
¿Cómo de alta es tu hermana?
¿Cuánto mide tu hermana?

[far: *lejos*] **How far** is the library?
¿A qué distancia está la biblioteca?

GRAMÁTICA FÁCIL

a) EXPRESAR MUCHA O POCA CANTIDAD

Para expresar mucha cantidad de alguna cosa usamos **"much"**, **"many"** y **"a lot of"**.

Much lo utilizamos con nombres incontables, en frases negativas y preguntas. Equivale a "mucho/a".

There isn't **much** milk in the fridge.
No hay mucha leche en el refrigerador.

Is there **much** ice?
¿Hay mucho hielo?

Many lo usamos con nombres contables, en frases negativas y preguntas. Equivale a "muchos/as".

There aren't **many** pictures on the walls.
No hay muchos cuadros en las paredes.

Do you have **many** books?
¿Tienes muchos libros?

Pero **"many"** también puede aparecer en frases afirmativas:

There are **many** apples in that basket.
Hay muchas manzanas en esa canasta.

A lot of o **lots of** se usan con nombres contables e incontables, en frases afirmativas.

She has **a lot of** roses in her garden.
Ella tiene muchas rosas en su jardín.

There's **a lot of** wine in the bottle.
Hay mucho vino en la botella.

Lots of people came to the party.
Mucha gente vino a la fiesta.

Con el verbo **"to like"** *(gustar)* muchas veces aparecen tanto **"much"** como **"a lot"** al final de la frase.

I like English **very much**.
Me gusta mucho el inglés.

She likes swimming **a lot**.
A ella le gusta mucho nadar.

Para expresar una poca o una pequeña cantidad de alguna cosa usamos **"(a) little"** y **"(a) few".**

A little se coloca delante de nombres incontables y equivale a "un poco (de)". Se utiliza en frases afirmativas, negativas y en preguntas.

There's **a little** sugar.   *Hay un poco de azúcar.*

A few se coloca delante de nombres contables y equivale a "unos/as pocos/as". También se utiliza en todo tipo de frases.

There are **a few** trees in the park.
Hay unos pocos árboles en el parque.

En los ejemplos anteriores vemos que la cantidad que se nos indica es pequeña, pero parece suficiente. Si queremos expresar que alguna cantidad es pequeña y, además, insuficiente, usaremos **"little"** y **"few"** en lugar de "a little" y "a few".

There's **little** sugar.
Hay poco azúcar. (Necesitaremos más).

There are **few** trees in the park.
Hay pocos árboles en el parque.
(Debería haber más).

b) PRONOMBRES INDEFINIDOS

Los pronombres indefinidos son los que utilizamos cuando nos referimos a personas, cosas y lugares, pero no los podemos precisar.

Se forman combinando ⟶ | **some** / **any** | con | **body** / **one** / **thing** / **where** |

Los compuestos con **"body"** y **"one"** son sinónimos y se refieren a personas, con **"thing"** a cosas y con **"where"** a lugares.

1) Al igual que **"some"**, sus compuestos se utilizan en frases afirmativas.

Sabemos que "some" indica cierta cantidad, luego:

somebody, someone ⟶ *alguien*
something ⟶ *algo*
somewhere ⟶ *en algún lugar*

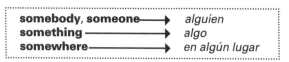

There's **someone** at the door.	*Hay alguien en la puerta.*
I have **something** in my pocket .	*Tengo algo en mi bolsillo.*
She left her watch **somewhere**.	*Ella dejó su reloj en algún lugar.*

2) "**Any**" y sus compuestos se usan en frases negativas y en preguntas:

	en frases negativas	en preguntas
anybody, anyone →	*nadie*	*alguien*
anything ——————→	*nada*	*algo*
anywhere ——————→	*en ningún lugar*	*en algún lugar*

Is there **anybody** at home?	*¿Hay alguien en casa?*
I don't have **anything**.	*No tengo nada.*
I can't find my wallet **anywhere**.	*No encuentro mi billetera en ningún lugar.*

Además de los estudiados, vamos a tratar también los usos de "every" y sus compuestos. Todos implican un sentido de totalidad y se utilizan en frases afirmativas, negativas y en preguntas:

everybody, everyone ——————→	*todos, todo el mundo*
everything ————————→	*todo, todas las cosas*
everywhere —————————→	*en todos los lugares, por todos sitios*

Did **everybody** come to the party?
¿Todos vinieron a la fiesta?

I didn't tell you **everything**.
No te lo dije todo.

There are people **everywhere**.
Hay gente por todos sitios.

Hay que tener en cuenta que con un pronombre indefinido, el verbo se usa en 3ª persona del singular (como *he, she* o *it*).

Somebody **is** there.	*Alguien está allí.*
Everybody **sleeps** at night.	*odo el mundo duerme por la noche.*
There **isn't** anyone at home.	*No hay nadie en casa.*

c) LISTADO DE VERBOS REGULARES

A continuación se muestra una pequeña relación de verbos regulares con sus formas de pasado simple.

Infinitivo		Pasado	Infinitivo		Pasado
To answer	contestar	answered	To open	abrir	opened
To ask	preguntar	asked	To play	jugar,	played
To arrive	llegar	arrived		tocar un	
To clean	limpiar	cleaned		instrumento	
To close	cerrar	closed	To rain	llover	rained
To cook	cocinar	cooked	To repeat	repetir	repeated
To decide	decidir	decided	To stop	parar,	stopped
To enjoy	disfrutar	enjoyed		detener	
To explain	explicar	explained	To study	estudiar	studied
To finish	terminar	finished	To watch	mirar (TV),	watched
To help	ayudar	helped		observar	
To like	gustar	liked	To work	trabajar	worked
To look	mirar	looked			

EJERCICIOS:

1.- Para hablar de distancia usamos:
a) how often?
b) how wide?
c) how far?
d) how about?

2.- Corrige los errores de las cantidades en las frases que lo necesiten.
a) There's many wine in the bottle.
b) I have a few eggs for the omelette.
c) Is there much traffic downtown?
d) He's lucky. He hasn't got much problems.
e) Does she drink many milk? No, she only drinks a little milk.
f) There are a little difficult excercises. Not many.
g) She's very extroverted. She has a lot of friends.

3.- Usa compuestos de "some" (something, somebody /

someone, somewhere) y "any" (anything, anybody / anyone, anywhere) en las siguientes frases.

a) Is there .... I can do?
b) I saw .... on the table.
c) .... is talking to her.
d) She put her key.....................
e) He didn't phone ....
yesterday.

UNIDAD

15

EN ESTA UNIDAD ESTUDIAREMOS:

LET'S SPEAK ENGLISH:

A) NÚMEROS ORDINALES. USOS.

B) FECHAS.

C) VOCABULARIO: EN EL HOTEL.

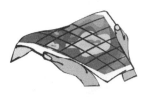

GRAMÁTICA FÁCIL:

A) PREPOSICIONES DE LUGAR.

B) LOS ADVERBIOS "HERE" Y "THERE".

C) LISTADO DE VERBOS IRREGULARES (PASADO).

SITUACIÓN: Linda acaba de llegar al hotel. Matthew es el recepcionista.

Linda: Good afternoon! I have a reservation under the name of Jones.

Matthew: Good afternoon, madam! Would you tell me the dates of your stay, please?

Linda: From **June, 24th**, until **July, 1st**.

Matthew: Thank you. You'll be in room number 524, on the **fifth** floor. The **elevator is over there**, **near** the entrance.

Linda: What time does the **front desk** close? I'll be returning late tonight.

Matthew: The **front desk** never closes, but at night there is a security guard instead of a desk clerk. The **desk clerks** are on duty from 7am until 12pm.

Linda: That's fine. Is there anywhere in the hotel where I can get a drink?

Matthew: There is a **bar** on the **fourth** floor and a **coffee shop** on the **third** floor.

Linda: Is there **laundry** service?

Matthew: Yes, we have **laundry service**. Just leave your clothes **here**, at the **front desk**, and we'll wash

them and return them to your room. If you need to call **room service**, dial 100 on the **telephone**.

Linda: Is it possible to send a fax?

Matthew: Yes. We have a **fax machine** for **guests** to use.

Linda: That's great. How do I get to my room?

Matthew: Room 524 is on the **fifth** floor. You need to take the **elevator**, then turn right and go straight down the corridor. Your room is **next to** the stairs.

Linda: Very good, thank you.

Matthew: If you want to buy any gifts or postcards, we also have a **gift shop** just down the road, **across from** the bus stop.

Linda: Thank you very much.

Matthew: You're welcome. Enjoy your stay.

Linda: Thank you. See you later.

DIÁLOGO 15:

Linda: ¡Buenas tardes!. Tengo una reserva a nombre de Jones.

Matthew: ¡Buenas tardes, señora! ¿Puede decirme las fechas de su estadía?

Linda: Desde el **24 de junio** hasta el **1 de julio**.

Matthew: Gracias. Estará en la habitación número 524, en la **quinta** planta. El ascensor está **por allí, cerca** de la entrada.

Linda: ¿A qué hora cierra la **recepción**? Volveré tarde esta noche.

Matthew: La **recepción** nunca cierra, pero por la noche hay un guardia de seguridad en lugar de un **recepcionista**. Los **recepcionistas** están de servicio desde las 7 am hasta las 12 pm.

Linda: Está bien. ¿Hay algún lugar en el hotel donde pueda conseguir algo para beber?

Matthew: Hay un **bar** en la **cuarta** planta y una **cafetería** en la **tercera** planta.

Linda: ¿Hay **lavandería?**

Matthew: Sí, tenemos servicio de **lavandería**. Simplemente deje su ropa **aquí**, en **recepción**, y se la lavaremos y devolveremos a su habitación. Si necesita llamar al **servicio de habitaciones**, marque el 100 en el **teléfono**.

Linda: ¿Es posible enviar un fax?

Matthew: Si. Tenemos **fax** para uso de los **clientes**.

Linda: Muy bien. ¿Cómo llego a mi habitación?

Matthew: La habitación 524 está en la **quinta** planta. Necesita tomar el **ascensor**, luego doblar a la derecha y seguir recto el pasillo. Su habitación está **junto a** las escaleras.

Linda: Muy bien. Gracias.

Matthew: Si quiere comprar regalos o postales, también tenemos una **tienda de regalos** bajando la calle, **enfrente de** la parada del autobús.

Linda: Muchas gracias.

Matthew: De nada. Disfrute su estadía.

Linda: Gracias. Hasta luego.

Mis palabras clave

....

....

....

....

LET'S SPEAK ENGLISH

a) NÚMEROS ORDINALES. USOS.

Los tres primeros números ordinales son los siguientes:

> 1° *primero* ⟶ 1st fi**rst**
> 2° *segundo* ⟶ 2nd seco**nd**
> 3° *tercero* ⟶ 3rd thi**rd**

Como se ve, en la abreviatura de los números ordinales aparece la cifra y las dos últimas letras del número ordinal en letra.
A partir del número cuatro, el ordinal se forma a partir del número cardinal, añadiéndole "th": **número + th**.

4° *cuarto*	4th four**th**
5° *quinto*	5th fif**th**
6° *sexto*	6th six**th**
7° *séptimo*	7th seven**th**
8° *octavo*	8th eigh**th**
9° *noveno*	9th nin**th**
10° *décimo*	10th ten**th**
11° *undécimo*	11th eleven**th**
12° *duodécimo*	12th twelf**th**
13° *decimotercero*	13th thirteen**th**
14° *decimocuarto*	14th fourteen**th**
15° *decimoquinto*	15th fifteen**th**
16° *decimosexto*	16th sixteen**th**
17° *decimoséptimo*	17th seventeen**th**
18° *decimoctavo*	18th eighteen**th**
19° *decimonoveno*	19th nineteen**th**
20° *vigésimo*	20th twentie**th**

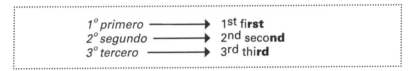

Pero podemos ver ligeros cambios en algunos números:

> five ———▶ fifth ("-ve" cambia a "-f" antes de añadir "-th")
> eight ———▶ eighth (al acabar en "t", sólo añade "-h")
> nine ———▶ ninth (la "e" desaparece antes de añadir "-th")
> twelve ———▶ twelfth ("-ve" cambia a "–f" antes de añadir "-th")
> twenty ———▶ twentieth (la "y" cambia a "i" y se añade "-eth")

Las decenas seguirán el modelo "-ieth":

> 30th ———▶ thirtieth   50th ———▶ fiftieth
> 40th ———▶ fortieth   80th ———▶ eightieth

En números compuestos por decena y unidad, sólo cambia a ordinal la unidad:

> 21st ———▶ twenty-first   63rd ———▶ sixty-third
> 32nd ———▶ thirty-second   85th ———▶ eighty-fifth

Usos:

• Los números ordinales se usan para indicar el orden en que sucede algo o la ubicación de las cosas:

This is my **second** flight to New York.
Éste es mi segundo vuelo a Nueva York.

Today is her **74th** anniversary.
Hoy es su 74º aniversario.

Take the **first** right and go ahead.
Doble la primera (calle) a la derecha y siga recto.

• Con ellos indicamos los distintos pisos o plantas de un edificio:

My aunt lives on the **ninth** floor.   Your room is on the **seventh** floor.
Mi tía vive en el noveno piso.   *Su habitación está en el séptimo piso.*

•Y también se usan para decir las fechas (aunque en español usemos los números cardinales):

The meeting is on January, **16th**.
La reunión es el 16 de enero.

Her birthday is on November, **21st**.
Su cumpleaños es el 21 de noviembre.

The course starts on September, **12th**.
El curso empieza el 12 de septiembre.

b) FECHAS

Hemos visto que usaremos los números ordinales para las fechas, pero éstas pueden decirse y escribirse de varias maneras.

March, 12th   March, the twelfth.
March, 12   March, the twelfth.
(Aunque no aparezcan las letras del ordinal, sí se pronuncian).

Habitualmente se escribe y se dice primero el mes y después el día:

3/12   (March, the twelfth)
6/30/1973   (June, the thirtieth, nineteen seventy-three)

Aunque también podemos encontrarnos:

12th March   the twelfth of March

c) VOCABULARIO: EN EL HOTEL – AT THE HOTEL

En un hotel encontramos:

lobby	*lobby*	**bell person**	*botones*
front desk	*recepción*	**elevator**	*ascensor*
desk clerk	*recepcionista*	**laundry**	*lavandería*
rooms	*habitaciones*	**amenities**	*artículos de aseo*
bar	*bar*	**bank cards**	*tarjetas bancarias*
coffee shop	*cafetería*	**traveler's check**	*cheque de viaje*
giftshop	*tienda de regalos*	**room service**	*servicio de*
guest	*cliente*		*habitaciones*

Y como objetos que encontramos en recepción:

computer	*computadora*
printer	*impresora*
fax machine	*fax*
telephone	*teléfono*
photocopier	*fotocopiadora*
paper	*papel*
eraser	*goma*
pen	*bolígrafo*
pencil	*lápiz*
stapler	*engrapadora*
stationery	*artículos de oficina*
keys	*llaves*

GRAMÁTICA FÁCIL

a) PREPOSICIONES DE LUGAR

En un capítulo anterior ya tratamos expresiones de lugar, que ahora ampliamos con más preposiciones:

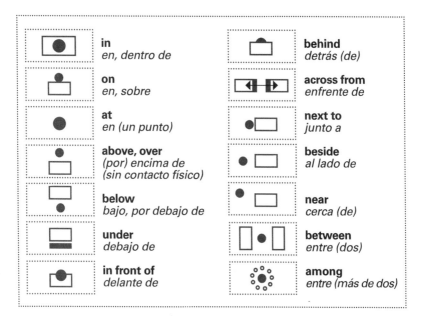

in
en, dentro de

on
en, sobre

at
en (un punto)

above, over
(por) encima de
(sin contacto físico)

below
bajo, por debajo de

under
debajo de

in front of
delante de

behind
detrás (de)

across from
enfrente de

next to
junto a

beside
al lado de

near
cerca (de)

between
entre (dos)

among
entre (más de dos)

The telephone is **on** the table.	*El teléfono está sobre la mesa.*
My room is **above** the restaurant.	*Mi habitación está encima del restaurante.*
The temperature is **below** zero.	*La temperatura está bajo cero.*
There is a printer **under** the desk.	*Hay una impresora debajo de la mesa.*
The desk clerk is **behind** you.	*El recepcionista está detrás de ti.*
Her room is **next to** the bar.	*Su habitación está junto al bar.*

The hotel is **between** the shop and the school.	*El hotel está entre la tienda y la escuela.*
The manager is **among** these people.	*El gerente está entre estas personas.*

Hay que tener cuidado, pues un error común es traducir "in front of" por "enfrente de", cuando, en realidad, es "delante de".

There's a car **in front of** the hotel.
Hay un auto delante del hotel.

There's a bank **across from** the hotel.
Hay un banco enfrente del hotel.

En algunos países de lengua inglesa se utiliza "**opposite**" como *"enfrente de".*

b) LOS ADVERBIOS "HERE" Y "THERE"

"**Here**" *(aquí, acá)* y "**there**" *(allí, allá)* son dos adverbios de lugar.

"**Here**" se utiliza cuando indicamos que algo está cerca del hablante o bien un lugar próximo a él:

Come **here**!	*¡Ven aquí!*
I work **here**.	*Trabajo aquí.*
Is there a post office near **here**?	*¿Hay una oficina de correos cerca de aquí?*

"**There**" se usa cuando indicamos que algo está retirado o alejado del hablante, o bien un lugar distante de él:

I went to Italy because my mother lives **there**.
Fui a Italia porque mi madre vive allí.

The pen is **there**, near the phone.
El bolígrafo está allí, cerca del teléfono.

En muchos casos estos adverbios aparecen en otras expresiones:

My house is **right here**.	*Mi casa está aquí mismo.*
You can buy stamps **right there**.	*Puedes comprar sellos allí mismo.*
I left my glasses **over here**.	*Dejé mis lentes por aquí.*
There's a man waiting for you **over there**.	*Hay un hombre esperándote por allí.*
There is another bar **up here**.	*Hay otro bar aquí arriba.*
The conference room is **up there**.	*La sala de conferencias está allá arriba.*
The lobby is **down here**.	*El lobby está aquí abajo.*
I can see my car **down there**.	*Puedo ver mi auto allá abajo.*

c) LISTADO DE VERBOS IRREGULARES

A continuación se muestra una lista de verbos irregulares con sus formas de pasado simple:

Infinitivo		Pasado	Infinitivo		Pasado
To be	ser, estar	was/were	To have	tener, haber	had
To bring	traer	brought	To lose	perder	lost
To buy	comprar	bought	To make	hacer,	made
To come	venir	came		fabricar	
To do	hacer	did	To pay	pagar	paid
To drink	beber	drank	To put	poner	put
To drive	manejar,	drove	To read	leer	read
	conducir		To say	decir	said
To eat	comer	ate	To see	ver	saw
To feel	sentir	felt	To sing	cantar	sang
To find	encontrar	found	To speak	hablar	spoke
To forget	olvidar	forgot	To take	tomar, llevar	took
To get	obtener,	got	To tell	decir, contar	told
	llegar		To understand	comprender	understood
To give	dar	gave	To write	escribir	wrote
To go	ir	went			

EJERCICIOS:

1.- Escribe en letra los siguientes números ordinales. En vertical se puede leer una preposición de lugar.

4th/20th/2nd/11th/1st

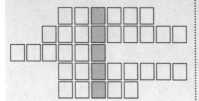

2.- What's the opposite of "behind"?
a) near
b) in front of
c) under
d) between

3.- What is similar to "next to"?
a) far
b) beside
c) on
d) across from

4.- Subrayar la respuesta adecuada en cada caso.
a) The bag is (in / behind / among) you.
b) The dog is sleeping (above / in / in front of) the door.
c) Is he waiting (at / under / between) the shoe shop?
d) I saw Peter (across from / on / below) your apartment.
e) There's a present (at / in / over) this box.

UNIDAD

16

EN ESTA UNIDAD ESTUDIAREMOS:

LET'S SPEAK ENGLISH:

A) PETICIONES.

B) VOCABULARIO:
EL APARTAMENTO.

GRAMÁTICA FÁCIL:

A) PREPOSICIONES
DE MOVIMIENTO.

B) PREGUNTAS CON
PREPOSICIÓN FINAL.

SITUACIÓN: Jake, un agente inmobiliario, está enseñando a Ruth los planos y fotos de una casa en la que está interesada.

Jake: So, here we are in your possible **new home**!

Ruth: Would you show me the **living room** first, please?

Jake: Certainly. It's just **through** here. And these are the photos.

Ruth: Oh, it's lovely! I love the **fireplace**. It's very original.

Jake: Obviously, if you buy the house, you can change the **carpet** and the colour of the **walls**.

Ruth: Yes. I don't like this red very much. I think I'll paint the **walls** blue, with a white **ceiling**, and a gray **floor**. **Will** you show me the **kitchen** now, please?

Jake: Yes. The **kitchen** is **across** the **corridor** from the **living room**.

Ruth: It's very big!

Jake: And this is the **bathroom**...

Ruth: What a lovely color!

Jake: The **bedroom**...

Ruth: I love the view. You can see the park from the **window**.

Jake: And, **where** are you **from**?

Ruth: We're from New York City, but we want to move somewhere quieter. I want to **come home** and relax somewhere peaceful.

Jake: Well, this house is perfect for you, then. The location is excellent. It's quiet, but if you need any thing, you just **go across** the street and there's a supermarket.

Ruth: And the children can **walk back** from school. I'll have to **drive to** work.

Jake: But there's not much traffic. You'll **get to** New York in about half an hour.

Ruth: Well, I love the house, but I need to speak to my husband before saying yes.

Jake: That's fine. **Would** you sign here, please?

Ruth: What for?

Jake: Just to say that you saw the house on April, 3rd.

Ruth: Ok. I'll phone you soon. Goodbye!

DIÁLOGO 16:

Jake: ¡Aquí estamos en su posible nuevo **hogar**!

Ruth: ¿Puede mostrarme el **salón** primero, por favor?

Jake: Por supuesto. Está **por** aquí. Y éstas son las fotos.

Ruth: ¡Oh! Es maravilloso. Me encanta la **chimenea**. Es muy original.

Jake: Obviamente, si compra la casa, puede cambiar la **alfombra** y el color de las **paredes**.

Ruth: Sí. No me gusta mucho este rojo. Creo que pintaré las **paredes** en azul, con el **techo** blanco y un suelo gris. ¿**Puede** mostrarme la **cocina** ahora, por favor?

Jake: Sí. La **cocina** está **cruzando** el **pasillo** desde el **salón**.

Ruth: ¡Es muy grande!

Jake: Y este es el **baño**...

Ruth: ¡Qué color tan bonito!

Jake: El **dormitorio**....

Ruth: Me encanta la vista. Puedes ver el parque desde la **ventana**.

Jake: ¿Y **de dónde** son ustedes?

Ruth: Somos de la ciudad de Nueva York pero queremos mudarnos a algún lugar más tranquilo. Quiero **volver a casa** y relajarme en un lugar apacible.

Jake: Bueno, entonces esta casa es perfecta para ustedes. La ubicación es excelente. Es tranquila pero, si necesitan cualquier cosa, **cruzan** la calle y allí está el supermercado.

Ruth: Y los niños pueden volver de la escuela caminando. Yo tendré que **manejar** para ir a trabajar.

Jake: Pero no hay mucho tráfico. **Llegará** a Nueva York en una media hora.

Ruth: Bueno, me encanta la casa, pero necesito hablar con mi marido antes de decir que sí.

Jake: Está bien. ¿**Podría** firmar aquí, por favor?

Ruth: ¿**Para qué**?

Jake: Sólo para decir que usted vio la casa el 3 de abril.

Ruth: De acuerdo. Lo llamaré pronto. ¡Adiós!

Mis palabras clave

....

....

....

....

LET'S SPEAK ENGLISH

a) PETICIONES – REQUESTS

En un capítulo anterior ya aprendimos que cuando pedimos a alguien que haga algo podíamos usar "can" y "could". A continuación veremos que también podemos realizar peticiones por medio de los auxiliares **"will"** y **"would"**.

> **"Will"** ⟶ peticiones informales
> **"Would"** ⟶ peticiones formales

Will you open the door, please?
¿Puedes abrir la puerta, por favor?

Will you do me a favor?
¿Puedes hacerme un favor?

Will you pick up the children?
¿Puedes recoger a los niños?

Would you close he window, please?
¿Podría cerrar la ventana, por favor?

Would you sign here?
¿Podría firmar aquí?

Would you help me, please?
¿Podría ayudarme, por favor?

Como vemos, se pueden usar indistintamente, pero con la diferencia del matiz de formalidad, que es lo que ocurre también con "can" y "could".

b) VOCABULARIO: EL APARTAMENTO – THE APARTMENT

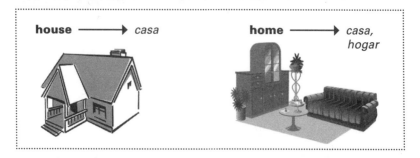

house ⟶ *casa*

home ⟶ *casa, hogar*

Rooms - *Habitaciones*

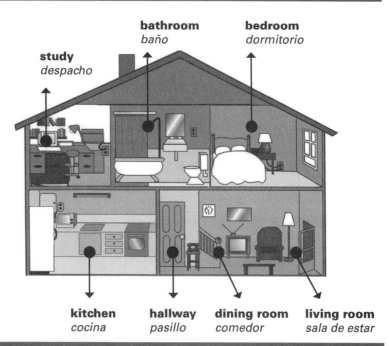

study
despacho

bathroom
baño

bedroom
dormitorio

kitchen
cocina

hallway
pasillo

dining room
comedor

living room
sala de estar

In the living room - *En la sala de estar*

carpet: *alfombra*
cushion: *cojín*
bookcase: *librería*
fireplace: *chimenea*
picture: *cuadro*
vase: *jarrón*
lamp: *lámpara*
table: *mesa*
chair: *silla*
armchair: *sillón*

couch: *sofá*
television (set): *televisor*
radiator: *radiador*
furniture: *muebles*
door: *puerta*
window: *ventana*
ceiling: *techo*
wall: *pared*
floor: *piso*

GRAMÁTICA FÁCIL

a) PREPOSICIONES DE MOVIMIENTO

across	a través de (a lo ancho)
along	a lo largo (de), por
back (from)	de vuelta (de)
down	abajo, hacia abajo
up	arriba, hacia arriba
up to	hasta
into	adentro
out of	fuera de, afuera
from	de, desde
past	(pasar) por delante de
to	a, hacia
round	alrededor de
through	a través de (a lo largo)

Estas preposiciones se suelen utilizar acompañando a verbos que implican movimiento:

To go: *ir*

We **went across** the street to get home.	*Cruzamos la calle para llegar a casa.*
They usually **go along** the seaside.	*Ellos normalmente van por la orilla.*
She **went back** home late.	*Ella volvió a casa tarde.*
Go down the street and there is the bus stop.	*Baja la calle y allí está la parada del autobús.*
I **went up** to the station.	*Fui hasta la estación.*
It was cold and we **went into** a bar.	*Hacía frío y entramos en un bar.*
He **went out of** the room quickly.	*Él salió de la habitación rápidamente.*
I **go past** the bakery on my way home.	*Paso por la panadería de camino a casa.*

How about **going to** the movies?	¿Qué tal si vamos al cine?
Go round the corner.	Dobla por la esquina.
The train **went through** a tunel.	El tren pasó por un túnel.

To come: *venir*

I **come across** the hall to go out.	Cruzo la sala para salir.
They **come back** home after school.	Ellos vuelven a casa después de la escuela.
She's **coming from** work.	Ella viene del trabajo.
I'd like to **come to** this place again.	Me gustaría venir a este lugar otra vez.

To walk: *caminar*

Walk across the square.	Cruza la plaza.
I like **walking along** the 5th Avenue.	Me gusta pasear por la 5ª Avenida.
We **walked into** the conference room.	Entramos en la sala de conferencias.
I saw him **walking past** my house.	Lo vi pasando por (delante de) mi casa.
They always **walk (up) to** the river.	Ellos siempre caminan hasta el río.
On Sunday afternoons I **walk round** the park.	Los domingos por la tarde paseo por el parque.

To drive: *conducir, manejar*

She rarely **drives** home **from** the museum.	Pocas veces maneja a casa desde el museo.
We always **drive to** work.	Siempre vamos en coche (manejamos).
I **drove past** the station this morning.	Esta mañana pasé (manejando) por la estación.
They were **driving along** the street when they had an accident.	Iban manejando por la calle cuando tuvieron un accidente.

To run: *correr*

I **ran back** to my house.	Volví corriendo a mi casa.
The athletes **run up** this hill.	Los atletas suben corriendo esta colina.
She **ran out of** the hotel to take a taxi.	Ella salió corriendo del hotel para tomar un taxi.

To travel: *viajar*

They are **traveling to** Madrid.

Ellos están viajando a Madrid.

I **traveled from** India **to** China by train.

Yo viajé desde India a China en tren.

To swim: *nadar*

She's **swimming along** the pool.

Ella está nadando a lo largo de la piscina.

I **swam across** this river last year.

Crucé este río nadando el año pasado.

Con el verbo **"to arrive"** *(llegar)* no se usa la preposición "to", sino **"in"** o **"at"**.

arrive in   *llegar a una ciudad, a un país,...*
arrive at   *llegar a un lugar pequeño, un edificio, un aeropuerto,...*

I **arrived in** Bogota at five.   *Llegué a Bogotá a las cinco.*
We **arrived at** the theater before you. *Llegamos al teatro antes que tú.*

Un sinónimo de "to arrive" es "get", pero éste sí necesita la preposición "to":

What time did you **get to** the museum?
¿A qué hora llegaste al museo?

I **got to** the bank late and it was closed.
Llegué al banco tarde y estaba cerrado.

La palabra "home" *(casa)* aparece casi siempre sin ninguna preposición de movimiento:

I want to **go home**.   *Quiero irme a casa.*
She **came home** after work. *Ella vino a casa después de trabajar.*
Are you **driving home**?   *¿Vas a casa (manejando)?*

b) PREGUNTAS CON PREPOSICIÓN FINAL

Ya conocemos como realizar frases interrogativas. A continuación vamos a tratar las preguntas que precisan de una preposición al final de las mismas. En español, muchas preguntas comienzan con una preposición, que se coloca delante del pronombre interrogativo:

¿**De** dónde eres?   ¿**Con** quién vives?   ¿**Para** qué?

En inglés, estas preguntas comienzan con un pronombre interrogativo (what, where, who, etc.) y la preposición se coloca al final de la frase, y no al principio.

Where are you **from**?   *¿De dónde eres?*
Who do you live **with**?   *¿Con quién vives?*

What do you need it **for**?   *¿Para qué lo necesitas?*
Who is this gift **for**?   *¿Para quién es este regalo?*

De manera corta, también se pueden realizar preguntas. En ese caso, sólo usamos el pronombre interrogativo y la preposición:

Where **from**?   *¿De dónde?*
Who **with**?   *¿Con quién?*
What **for**?   *¿Para qué?*
Who **for**?   *¿Para quién?*

Esas mismas preposiciones se repetirán en la respuesta:

- Where are you **from**?   - *¿De dónde eres?*
- I'm **from** Venezuela.   - *Soy de Venezuela*

- Who do you live **with**?   - *¿Con quién vives?*
- I live **with** my parents.   - *Vivo con mis padres.*

- Who is this gift **for**?   - *¿Para quién es este regalo?*
- It's **for** Brenda.   - *Es para Brenda.*

EJERCICIOS:

1.- ¿Qué parte de una habitación se encuentra sobre nuestras cabezas?

a) the floor
b) the ceiling
c) the wall
d) the window

2.- Encuentra cinco objetos que se suelen hallar en la sala de estar en la siguiente secuencia de letras:

STEWCARPETNOONCHAIRTA
COUCHBLECUSHIONZWOO
MVASETHI

3.- Completa los espacios con la preposición de movimiento correcta:
at, to, in, back, to, from.

a) It was cold in the street and we went ....home.
b) They arrived ....New York at night.
c) She came ....my party last year.

d) We're traveling ....Bogota .... Madrid.
e) My father arrived ....the airport late.

4.- Usa la preposición adecuada al final de las preguntas.

a) Who are you playing .\M........?
(in / with / from)
b) Where does she come ....?
(from / at / with)
c) What is it ....? (with / for / up)
d) What are you interested ....? (on / in / to)
e) Who is this parcel ....?
(with / by / for)

UNIDAD

17

EN ESTA UNIDAD ESTUDIAREMOS:

LET'S SPEAK ENGLISH:

A) PREGUNTAR POR MARCAS Y MODELOS.

B) NÚMEROS DESDE MIL A MIL MILLONES.

C) LOS AÑOS.

D) LOS PRECIOS.

E) VOCABULARIO: EL AUTOMÓVIL.

GRAMÁTICA FÁCIL:

A) COMPARATIVOS.

SITUACIÓN: Clare quiere comprar un auto y va a un concesionario. Martin es el vendedor.

Martin: Good afternoon, madam! How can I help you?

Clare: I'm looking to buy a car.

Martin: What make are you looking for?

Clare: I'm not sure. Maybe a Ford or a Volkswagen.

Martin: And what price are you looking for?

Clare: Between **four thousand** and **eight thousand** dollars.

Martin: Ok. Well, we've got this blue Ford over here.

Clare: What model is it?

Martin: It's a **2005** Focus.

Clare: And **how much is it**?

Martin: This one is $4,500. There aren't any **seatbelts** on the **back seats**, but we can fit some for you at no extra cost.

Clare: Ok. What else have you got?

Martin: Well, we've got this red

Volkswagen Polo from **2007**.

Clare: How much does it cost?

Martin: This one is $6,500. It has a new **engine** and **brakes**. The trunk is **bigger than** the Focus.

Clare: It's only got two doors. It's **less practical than** the Focus.

Martin: Personally, I think the Polo is **better than** the Focus.

Clare: I think the Focus is **more practical**. The color is nicer, too.

Martin: And the Focus is **not as expensive as** the Polo. It's **cheaper**.

Clare: That's right. I'll take the Focus.

Martin: Very good! Sign here, please.

Clare: When can I pick it up?

Martin: We'll fit the **seatbelts** and you can pick it up on Thursday.

Clare: Ok. See you then!

DIÁLOGO 17:

Martin: ¡Buenas tardes, señora! ¿En qué puedo ayudarle?

Clare: Estoy mirando para comprar un coche.

Martin: ¿**Qué marca** está buscando?

Clare: No estoy segura. Quizás un Ford o un Volkswagen.

Martin: ¿Y qué precio está buscando?

Clare: Entre **cuatro mil** y **ocho mil** dólares.

Martin: De acuerdo. Bien, tenemos este Ford azul por aquí.

Clare: ¿**Qué modelo** es?

Martin: Es un Focus de **2005**.

Clare: ¿Y **cuánto cuesta**?

Martin: Este cuesta $4.500. No hay **cinturones de seguridad** en los **asientos traseros**, pero se los podemos acoplar sin coste extra.

Clare: De acuerdo. ¿Qué más tienen?

Martin: Bien, tenemos este Volkswagen Polo rojo de **2007**.

Clare: ¿**Cuánto cuesta**?

Martin: Este cuesta $6.500. Tiene el motor y los frenos nuevos. El **maletero** es **más grande que** el del Focus.

Clare: Tiene sólo dos puertas. Es **menos práctico que** el Focus.

Martin: Personalmente, creo que el Polo **es mejor que** el Focus.

Clare: Yo creo que el Focus es **más práctico**. El color es **más bonito**, también.

Martin: Y el Focus **no es tan caro como** el Polo. Es **más barato**.

Clare: Así es. Me llevaré el Focus.

Martin: Muy bien. Firme aquí, por favor.

Clare: ¿Cuándo puedo recogerlo?

Martin: Acoplaremos los **cinturones de seguridad** y puede recogerlo el jueves.

Clare: Muy bien. ¡Hasta entonces!

Mis palabras clave

....

....

....

....

LET'S SPEAK ENGLISH

a) PREGUNTAR POR MARCAS Y MODELOS.

Para preguntar por la marca de un producto, como puede ser
el automóvil, decimos:

What make is it?	*¿Qué marca es?*
– What make is the car?	*– ¿Qué marca es el auto?*
– It's a Ford.	*– Es un Ford.*

Para preguntar por el modelo:

What model is it?	*¿Qué modelo es?*
It's a 2005 Focus.	*Es un Focus de 2005.*

b) NÚMEROS DESDE 1.000 A 1.000.000.000

Ante todo hemos de reseñar que los miles y los millones se marcan
con una coma y no con un punto, como ocurre en español.

1,000	a / one thousand
1,032	a / one thousand thirty-two
2,000	two thousand
2,400	two thousand four hundred
3,000	three thousand
11,000	eleven thousand
38,000	thirty-eight thousand
57,925	fifty-seven thousand nine hundred twenty-five
100,000	a / one hundred thousand
200,000	two hundred thousand
683,701	six hundred eighty-three thousand seven hundred one
1,000,000	a / one million
43,000,000	forty-three million
256,000,000	two hundred fifty-six million
1,000,000,000	a / one billion

Hemos de saber que en inglés americano, "a billion" equivale a "mil millones", no como en otros países, donde se dice "a / one thousand million".

Las palabras **"thousand"** *(mil)* y **"million"** *(millón)* no tienen forma de plural cuando van precedidas por un número:

2,000	two thousand	No ⟶	two thousands
3,000,000	three million	No ⟶	three millions

c) LOS AÑOS –THE YEARS

A partir del año 2000 los años se suelen expresar como una cifra. Así:

2000 **two thousand**   2007 **two thousand (and) seven**

Aunque también se puede decir:

2008 **(20 08) twenty oh eight**   2015 (20 15) **twenty fifteen**

En estos casos el año se divide en dos cifras, que es lo que ocurre al expresar años de siglos anteriores:

1966 (19 66) **nineteen sixty-six**
1871 (18 71) **eighteen seventy-one**
1603 (16 03) **sixteen oh three**

De una manera muy formal, la palabra "hundred" puede intercalarse entre las dos cifras:

1982 (19 82) nineteen **hundred** eighty-two

d) LOS PRECIOS – PRICES

Ya aprendimos cómo preguntar el precio de algún producto:

How much is / are ...?   *¿Cuánto vale / valen ....?*

Para responder a esta pregunta podemos usar una forma larga u otra corta:

$4.75   four dollars seventy-five cents
          cuatro dólares setenta y cinco centavos
$4.75   four seventy-five
          cuatro setenta y cinco

Si pagamos en libras esterlinas:

£19.50   nineteen pounds fifty
diecinueve libras cincuenta (peniques)

e) VOCABULARIO: EL AUTOMÓVIL –THE CAR

steering wheel: *volante*
trunk: *maletero*
door: *puerta*
wheel: *rueda*
tire: *goma*
headlight: *faro delantero*
rearlight: *faro trasero*
fender: *paragolpes*
hood: *capó*
rear view mirror: *espejo retrovisor*
windshield: *parabrisas*
windshield wiper: *limpiaparabrisas*
seat belt: *cinturón de seguridad*

back seat: *asiento trasero*
driver's seat: *asiento conductor*
license plate: *matrícula, placa*
exhaust pipe: *tubo de escape*
engine: *motor*
dashboard: *tablero de mandos*
horn: *bocina*
parking brake: *freno de mano*
accelerator: *acelerador*
brake: *freno*
clutch: *embrague*
battery: *batería*
gear box: *caja de cambios*

GRAMÁTICA FÁCIL

a) COMPARATIVOS.

Los adjetivos son las palabras que normalmente
se usan para hacer comparaciones.

Estas comparaciones pueden ser:

de igualdad   tan...(como)
de superioridad   más...(que)
de inferioridad   menos...(que)

1) Comparativo de igualdad *(tan + adjetivo + como)*

Para formar el comparativo de igualdad, usamos:

> **as + adjetivo + as**

I am **as tall as** you.	*Soy tan alto como tú.*
She is **as nice as** her mother.	*Es tan simpática como su madre.*
He is **as intelligent as** his sister.	*Él es tan inteligente como su hermana.*

· En frases negativas: **not as + adjetivo + as**

My car isn't **as expensive as** this one.
Mi auto no es tan caro como éste.
They aren't **as old as** us.
Ellos no son tan viejos como nosotros.

En algunos países de habla inglesa, en oraciones negativas, el primer "as" puede sustituirse por "so".

My computer isn't **as** good as this one = My computer isn't **so** good as this one
Mi computadora no es tan buena como ésta.

2) Comparativo de superioridad *[más + adjetivo + (que)]*

El comparativo de superioridad se forma de distintas maneras, dependiendo de la cantidad de sílabas de que tenga el adjetivo. Así:

• Cuando el adjetivo tiene una sílaba se añade "-er" a dicho adjetivo:

tall	*alto*	**taller**	*más alto*
short	*bajo*	**shorter**	*más bajo*
old	*viejo*	**older**	*más viejo*
young	*joven*	**younger**	*más joven*
fast	*rápido*	**faster**	*más rápido*
big	*grande*	**bigger***	*más grande*
fat	*gordo*	**fatter***	*más gordo*

(*) Estos adjetivos duplican la última consonante por acabar en "consonante-vocal-consonante".

My father is **taller**.	*Mi padre es más alto.*
Her house is **bigger**.	*Su casa es más grande.*

Cuando aparece el otro elemento de comparación, usamos **"than"** (que):

He is **older than** me.	*Él es mayor (más viejo) que yo.*
She is **thinner than** my sister.	*Ella está más delgada que mi hermana.*
His car is **faster than** my car.	*Su auto es más rápido que mi auto.*

- Cuando el adjetivo tiene tres sílabas o más se usa "more":

intelligent	*inteligente*	**more intelligent**	*más inteligente*
comfortable	*cómodo*	**more comfortable**	*más cómodo*
difficult	*difícil*	**more difficult**	*más difícil*
expensive	*caro*	**more expensive**	*más caro*
important	*importante*	**more important**	*más importante*
interesting	*interesante*	**more interesting**	*más interesante*

This chair is **more confortable**.   *Esta silla es más cómoda.*
That exercise is **more difficult**.   *Ese ejercicio es más difícil.*

Con el otro elemento de comparación también se usa **"than"** *(que)*.

Susan is **more intelligent than** Betty.   *Susan es más inteligente que Betty.*
Chinese is **more difficult than** English.   *El chino es más difícil que el inglés.*
Gold is **more expensive than** iron.   *El oro es más caro que el hierro.*

- Cuando el adjetivo tiene dos sílabas:

i) Si acaba en **"–y"**, **"-ow"**, **"-le"** o **"-er"**, forma el comparativo como los adjetivos de una sílaba: **adjetivo + er + (than)**.

This road is **narrower than** that.   *Esta carretera es más estrecha que aquélla.*
John is **cleverer than** Mike.   *John es más listo que Mike.*
Maggie is **prettier* than** her sister.   *Maggie es más bonita que su hermana.*

*Cuando el adjetivo acaba en "-y", ésta cambia a "i" antes de añadir "-er".

The first exercise was **easier than** the second one.
El primer ejercicio fue más fácil que el segundo.

ii) Si acaba de cualquier otra manera, forma el comparativo como los adjetivos de tres o más sílabas: **more + adjetivo + (than)**.

This picture is **more modern**.   *Este cuadro es más moderno.*

This film is **more boring than** the last one I watched.
Esta película es más aburrida que la última que vi.

- Pero algunos adjetivos no siguen estas reglas y forman el comparativo de superioridad de manera irregular. Entre ellos están:

good	bueno ⟶	**better**	mejor
bad	malo ⟶	**worse**	peor
far	lejos ⟶	**farther/further**	más lejos

My new car is **better than** the old one. *Mi auto nuevo es mejor que el viejo.*
Your situation is **worse than** ours. *Vuestra situación es peor que la nuestra.*

Beijing is **farther than** London. *Pekín está más lejos que Londres.*

3) Comparativo de inferioridad [menos + adjetivo +(que)]

Se forma siempre con la estructura: **less + adjetivo + (than)**

The film is **less interesting than** the book.
La película es menos interesante que el libro.

Frank is **less friendly than** his brothers.
Frank es menos simpático que sus hermanos.

EJERCICIOS:

1.- Completa con las letras que faltan: partes de un auto.

a) s_e_r_n_ w_e_l
b) s_a_ b_l_
c) _n_i_e
d) _l_t_h
e) h_a_l_g_t
f) h_r_
g) b_a_e
h) b_t_e_y
i) _o_d
j) _i_e

2.- Relaciona:

a) 23,845   1) twenty-three thousand five hundred eighty-four

b) 487,905   2) twenty-three thousand eight hundred forty-five

c) 487,950   3) twenty-three thousand four hundred eighty-five

d) 23,485   4) four hundred eighty-seven thousand nine hundred five

e) 23,584   5) four hundred eighty-seven thousand nine hundred fifty

3.- Corrige las frases en las que

encuentres errores.
a) The boy isn't as taller as his sister.
b) Peggy is prettyer than Betty.
c) Canada is biger than Italy.
d) Is she more intelligent as him?
e) Your car is less expensive than his car.

4.- Ordena las palabras para formar oraciones.
a) potatoes as isn't cheap caviar as.
b) better machine this is.
c) the today yesterday than weather is worse.
d) money important than is love more.
e) Peter than is Mark efficient less.

UNIDAD 18

EN ESTA UNIDAD ESTUDIAREMOS:

LET'S SPEAK ENGLISH:

A) SEÑALES DE TRÁFICO.

B) VOCABULARIO: EL TRÁFICO.

GRAMÁTICA FÁCIL:

A) EXPRESAR OBLIGACIÓN.

B) EXPRESAR PROHIBICIÓN.

C) EL SUPERLATIVO.

SITUACIÓN: Alice está tomando una clase práctica de conducción con su instructor, Andy.

Andy: This **traffic sign** means '**no right turn**', so you **must** turn left.

Alice: Do I **have** to stay in the same **lane**?

Andy: Yes, because the other **lane** is only for buses.

Alice: I understand. I **mustn't** drive in the bus **lanes**.

Andy: That's right. There is a **traffic sign** which tells you to '**keep right**'. This means that you mustn't drive in the other **lane**.

Alice: I understand.

Andy: Stop at the **traffic lights**. There's a **crosswalk** here, so you **must** be careful with the **pedestrians**.

Alice: Ok.

Andy: Now turn left onto the **freeway**. Be careful: the **speed limit** is sixty miles per hour. You **mustn't** drive too fast or you might get a **ticket**.

Alice: Yes, it's on the **freeway** where I **must** be **most careful**.

Andy: Yes, it's **the most dangerous** type of road because the cars drive very

fast here. Turn right at the next exit.

Alice: Ok.

Andy: Now stop at this **parking lot**. At the moment you aren't very good at parking, so we must practice more.

Alice: You're right. Parking is the **most difficult**.

Andy: When you park, you **must** take a ticket from the **parking meter**, and pay when you leave.

Alice: It's difficult to park here. There are a lot of **trucks**.

Andy: Ok. Well, we'll go somewhere else to practice next week. Turn left here.

Alice: This has been **the best** lesson I've had. I've learned a lot.

Andy: Good. We'll practice more next time.

Alice: See you next week!

DIÁLOGO 18:

Andy: Esta **señal de tráfico** significa *"***prohibido doblar a la derecha***,"* así que **tienes que** doblar a la izquierda.

Alice: ¿**Tengo que** quedarme en el mismo carril?

Andy: Sí, porque el otro **carril** es sólo para autobuses.

Alice: Entiendo. **No puedo** conducir por los **carriles** del autobús.

Andy: Así es. Hay una s**eñal de tráfico** que te dice *"***Mantenerse a la derecha***"*. Esto significa que **no puedes** conducir por el otro **carril**.

Alice: Comprendo.

Andy: Detente en el **semáforo**. Hay un **cruce peatonal** aquí, así que **debes** tener cuidado con los **peatones**.

Alice: Bien.

Andy: Ahora, dobla a la izquierda, a la **autopista.** Ten cuidado: **el límite de velocidad** es de sesenta millas por hora. No puedes manejar demasiado rápido o te pueden multar.

Alice: Sí, en la **autopista** es donde debo tener **más cuidado**.

Andy: Sí, es **el** tipo **más peligroso** de carretera porque los autos van muy rápido aquí. **Dobla a la derecha** en la próxima salida.

Alice: De acuerdo.

Andy: Ahora detente en esta **zona de estacionamiento**. Por el momento no se te da muy bien parquear, así que **debemos** practicar más.

Alice: Tiene razón. Parquear es **lo más difícil**.

Andy: Cuando parqueas, **debes** coger un ticket del **marcador de estacionamiento** y pagar cuando te vas.

Alice: Es difícil estacionar aquí. Hay muchos **camiones**.

Andy: De acuerdo. Bueno, iremos a algún otro lugar a practicar la semana próxima. Dobla aquí, a la izquierda.

Alice: Esta ha sido **la mejor** clase que he tenido. He aprendido mucho.

Andy: Bien. Practicaremos más la próxima vez.

Alice: ¡Hasta la próxima semana!

Mis palabras clave

LET'S SPEAK ENGLISH

a) SEÑALES DE TRÁFICO – TRAFFIC SIGNS

Stop ⟶	*Pare*
Yield ⟶	*Ceda el paso*
Speed limit ⟶	*Límite de velocidad*
Two way ⟶	*Doble sentido*
Keep right ⟶	*Mantenerse a la derecha*
No U turn ⟶	*Prohibido girar en U*
No right turn ⟶	*Prohibido girar a la derecha*
No left turn ⟶	*Prohibido girar a la izquierda*
One way ⟶	*Sentido único*

b) VOCABULARIO: EL TRÁFICO - THE TRAFFIC

traffic sign	*señal de tráfico*
traffic lights	*semáforo*
pedestrian	*peatón*
bus stop	*parada de autobús*
sidewalk	*acera*
crosswalk	*cruce peatonal*
crossing	*cruce*
to park	*parquear*
parking meter	*marcador de estacionamiento*
parking lot	*zona de estacionamiento*
parking stall	*plaza de estacionamiento*
truck	*camión*
motorcycle	*motocicleta*
loading zone	*zona de carga y descarga*
highway / freeway	*autopista*
turnpike	*autopista de peaje*
toll	*peaje*
lane	*carril*
fine	*multa*
accident	*accidente*
speed	*velocidad*

GRAMÁTICA FÁCIL

a) EXPRESAR OBLIGACIÓN

En el capítulo 8 ya estudiamos una estructura para expresar obligación: **have to** (tener que).

Do I **have to** do my homework?
¿Tengo que hacer mis deberes?

He **has to** buy a new computer.
Él tiene que comprar una computadora nueva.

I **have to** photocopy these documents.
Tengo que fotocopiar estos documentos.

En este capítulo vamos a aprender otra estructura que denota obligación: el verbo **"must"** (deber, tener que).

"Must" se utiliza para expresar que algo es necesario u obligatorio, sobre todo al tratarse de leyes, reglas o señales. Siempre va seguido de un infinitivo sin "to".

You **must** <u>fill out</u> this form.
Usted debe (tiene que) rellenar esta solicitud.

She **must** <u>pay</u> the fine.
Ella debe (tiene que) pagar la multa.

También se usa cuando el hablante tiene cierta "autoridad" sobre el oyente:

You **must** stop smoking.
Usted tiene que dejar de fumar. (El médico al paciente)

You **must** do these exercises.
Tienes que hacer estos ejercicios. (El profesor al alumno)

You **must** get home early.
Ustedes tienen que llegar temprano a casa. (El padre a los hijos)

Si no existe tal "autoridad", se usa "have to":

I **have to** do these exercises.	*Tengo que hacer estos ejercicios. (Un alumno a otro)*
You **have to** get home early.	*Ustedes tienen que llegar pronto a casa. (Un amigo a otros)*

Donde sí que hay diferencia de significado es cuando utilizamos las formas negativas de "have to" y "must".
Ya aprendimos que **"don't / doesn't have to"** no es una obligación negativa, sino falta de obligación, es decir, que algo no es necesario:

It's Sunday and I **don't have to** get up early.
Es domingo y no tengo que levantarme temprano.

She **doesn't have to** drive to work. She can go by bus.
No es necesario que ella vaya al trabajo en coche. Puede ir en autobús.

La forma negativa de "must", que es "mustn't", implica prohibición y pasamos a estudiarla a continuación.

b) EXPRESAR PROHIBICIÓN

Como acabamos de ver, usamos **"mustn't"** o **"must not"** para expresar prohibición. Es la forma equivalente a "no poder hacer algo" (por no estar permitido).

You **mustn't** smoke in this area.
No pueden fumar en esta zona.

They **mustn't** be late for class.
Ellos no pueden llegar tarde a clase.

You **mustn't** drive drunk.
No puedes conducir bebido.

Para expresar prohibición también se usa habitualmente **"can't"**.

You **can't** smoke in this area.
No pueden fumar en esta zona.

You **can't** speak loud in a hospital.
No pueden hablar alto en un hospital.

c) EL SUPERLATIVO

Es la forma utilizada, no para comparar, sino para destacar a un elemento sobre el resto. En español sería:

El/la/los/las + sustantivo + más + adjetivo + (de)
El cuadro más caro (de la tienda).

Para estudiar los superlativos, hacemos la misma división que cuando estudiamos los comparativos de superioridad:

1) Cuando el adjetivo tiene una sílaba se añade "-est" a dicho adjetivo, que irá precedido del artículo "the":

tall	*alto*	**the tallest**	*el más alto*
short	*bajo, corto*	**the shortest**	*el más bajo, el más corto*
old	*viejo*	**the oldest**	*el más viejo*
young	*joven*	**the youngest**	*el más joven*
fast	*rápido*	**the fastest**	*el más rápido*
big	*grande*	**the biggest***	*el más grande*
fat	*gordo*	**the fattest***	*el más gordo*

(*) Estos adjetivos doblan la última consonante por acabar en "consonante-vocal-consonante".

Para expresar el superlativo en inglés hemos de tener en cuenta que, al ser un grado del adjetivo, toda la estructura ha ir delante del sustantivo.

> He is **the tallest** boy.   *Él es el chico más alto.*
> This is **the fastest** car.   *Éste es el auto más rápido.*
> That is **the biggest** box.   *Ésa es la caja más grande.*

Cuando aparece el grupo o lugar sobre el que se destaca un elemento, se usa "in". Es el equivalente a "de" en español.

> He is **the youngest** boy in the class.
> *Él es el chico más joven de la clase.*

> It's the **cheapest** toy in the shop.
> *Es el juguete más barato de la tienda.*

2) Cuando el adjetivo tiene tres sílabas o más, se usa "the most" delante de dicho adjetivo:

intelligent	*inteligente*	**the most intelligent**	*el más inteligente*
comfortable	*cómodo*	**the most comfortable**	*el más cómodo*
difficult	*difícil*	**the most difficult**	*el más difícil*
expensive	*caro*	**the most expensive**	*el más caro*
important	*importante*	**the most important**	*el más importante*
interesting	*interesante*	**the most interesting**	*el más interesante*

This is the **most comfortable** chair.
Ésta es la silla más cómoda.

That is the **most difficult** exercise.
Ése es el ejercicio más difícil.

It is the **most important** question in the tes
Es la pregunta más importante del examen.

This is the **most interesting** book in the library.
Éste es el libro más interesante de la biblioteca.

3) Cuando el adjetivo tiene dos sílabas:

i) Si acaba en **"–y"**, **"-ow"**, **"-le"** o **"-er"**, forma el superlativo como los adjetivos de una sílaba: **the + adjetivo + est**.

This is **the narrowest** road.
Esta es la carretera más estrecha.

Maggie is the **prettiest*** girl in the party.
Maggie es la chica más bonita de la fiesta.

(*) Cuando el adjetivo acaba en "-y", ésta cambia a "i" antes de añadir "-est".

This is **the easiest** exercise in unit one.
Este es el ejercicio más fácil de la unidad uno.

ii) Si el adjetivo acaba de cualquier otra manera, forma el superlativo como los adjetivos de tres o más sílabas: the **most + adjetivo**.

This is the **most modern** pair of jeans.
Son los pantalones tejanos más modernos.

It's the **most boring** activity.
Es la actividad más aburrida.

4) Pero algunos adjetivos y adverbios forman el superlativo de manera irregular. Entre ellos están:

good	*bueno*	⟶	**the best**	*el mejor*
bad	*malo*	⟶	**the worst**	*el peor*
far	*lejos*	⟶	**the farthest/the furthest**	*el más lejano*

This is **the best** film.
Esta es la mejor película.

He is **the worst** student.
Él es el peor estudiante.

The North Pole is **the farthest** place from the South Pole.
El Polo Norte es el lugar más lejano desde el Polo Sur.

EJERCICIOS:

1.- *Rellenar los espacios en blanco con "must", "mustn't" y "don't/ doesn't have to".*

a) You ....go to he bank. Here is the money.
b) She ....study hard to go to university.
c) You ....cross the road when the lights are red.
d) A rich man ....work a lot.
e) You ....tell anybody. It's a secret.

2.- *Relaciona:*

a) You mustn't smoke.

1) It's very small.

b) They have to photocopy the document.

2) Don't worry. It's not expensive.

c) They can't play in this area.

3) It's bad for your health.

d) He doesn't have to drive to work.

4) The director needs it.

e) You must buy this medicine.

5) He works near his house.

3.- *Completa las frases con la forma superlativa de los adjetivos.*

a) This is the ....book in the library. (boring)
b) Our team is the ....of all. (good)
c) That is the............................problem. (important)
d) Did you see the......................pig? (fat)
e) What was the ....exercise in the exam? (easy)

UNIDAD 19

EN ESTA UNIDAD ESTUDIAREMOS:

LET'S SPEAK ENGLISH:

A) EXPRESIONES AL IR DE COMPRAS (I).

B) VOCABULARIO: LOS COLORES.

GRAMÁTICA FÁCIL:

A) LOS PRONOMBRES "ONE" Y "ONES".

B) ADJETIVOS.

C) LA PREPOSICIÓN "FOR".

D) SUSTANTIVOS PLURALES.

SITUACIÓN: Emma está comprando algo de ropa. Josh, el dependiente, le ayuda en su elección.

Josh: Good afternoon, madam! **May I help you?**

Emma: I'm looking for a party dress. **I need** it for a ceremony at my husband's company.

Josh: Here you are. How about this **blue one**?

Emma: Mmm, I don't really like **pale blue**.

Josh: Or this r**ed one**? It **matches** well with your blond hair.

Emma: Yes, I like it. **How much is it**?

Josh: This one's $300 and **the blue one**'s $200.

Emma: I'll take the red one. I'd like to see some shoes as well, please. I need **a pair of** shoes **to match** the dress.

Josh: How about **these golden ones**?

Emma: They're very nice.

Josh: Or what about **these ones**? They're perfect for you.

Emma: Oh, they're beautiful! So **colourful**, with the **red** and **silver**. **How much are they**?

Josh: They're $120.

Emma: I'll take them!

Josh: Great! **How do you want to pay**?

Emma: With a credit card.

Josh: Ok. That's $420 in total. Please enter your PIN.

Emma: That's great, thanks!

(She looks at necklaces on the way out of the shop)

Josh: Can I help you with anything else?

Emma: Oh, no, thanks. **I'm just looking**.

Josh: Ok, no problem.

Emma: Bye!

DIÁLOGO 19:

Josh: ¡Buenas tardes, señora! **¿Puedo ayudarle?**

Emma: Estoy buscando un vestido de fiesta. **Lo necesito** para una ceremonia en la empresa de mi marido.

Josh: Aquí tiene. ¿Qué tal **éste azul?**

Emma: Mmm. Realmente no me gusta el **azul pastel.**

Josh: ¿O **éste rojo? Combina** bien con su cabello rubio.

Emma: Sí, me gusta. **¿Cuánto cuesta?**

Josh: Éste, $300 y **el azul,** $200.

Emma: Me llevaré el rojo. Me gustaría ver zapatos también, por favor. Necesito **un par de** zapatos que **combinen** con el vestido.

Josh: ¿Qué tal **éstos dorados?**

Emma: Son muy bonitos.

Josh: ¿Y **éstos?** Son perfectos **para** usted.

Emma: ¡Oh! Son bonitos. Muy **coloridos,** con el **rojo** y el **plateado.**

¿Cuánto cuestan?

Josh: Cuestan $120.

Emma: Me los llevo.

Josh: ¡Muy bien! **¿Cómo quiere pagar?**

Emma: Con tarjeta de crédito.

Josh: De acuerdo. Son $420 en total. Por favor, marque su PIN.

Emma: Muy bien, gracias.

(Mira unos collares conforme sale de la tienda)

Josh: **¿Puedo ayudarle** con algo más?

Emma: Oh, no, gracias. **Sólo estoy mirando.**

Josh: Muy bien, no hay problema.

Emma: ¡Adiós!

Mis palabras clave

LET'S SPEAK ENGLISH

a) EXPRESIONES AL IR DE COMPRAS (I)

En una tienda nos podemos encontrar con muchas situaciones:

1) El vendedor suele ofrecer ayuda diciendo:

May I help you?	*¿Puedo ayudarle?*
Can I help you?	*¿Puedo ayudarle?*
How can I help you?	*¿En qué puedo ayudarle?*

2) Para pedir el producto que queremos, podemos decir:

I'm looking for a shirt.	*Estoy buscando una camisa.*
I'd like a tie.	*Quisiera una corbata.*
I'd like to see some ties.	*Me gustaría ver algunas corbatas.*
I need a watch.	*Necesito un reloj.*
I want a pair of leather shoes.	*Quiero un par de zapatos de piel.*

3) Al entregar algo, sea el producto, dinero, etc., se puede decir cualquiera de las siguientes expresiones:

Here you are.   are.
There you   } *Aquí tiene.*

4) Para decir que sólo se está mirando:

I'm just looking, thanks.   *Sólo estoy mirando, gracias.*

5) Para preguntar el precio de alguna cosa:

How much is it?	*¿Cuánto cuesta?*
How much is the book?	*¿Cuánto cuesta el libro?*
How much does this cost?	*¿Cuánto cuesto esto?*

6) Si accedemos a la compra:

I'll take it.   *Me lo/la llevo.*

I'll take them. *Me los/las llevo.*
I'll take the blue umbrella. *Me llevo el paraguas azul.*

7) Cuando vayamos a pagar nos preguntarán:

How are you paying? *¿Cómo va a pagar?*
How do you want to pay? *¿Cómo quiere pagar?*
Do you pay cash? *¿Paga en efectivo?*

Y podremos responder:

Cash.
In cash. } *En efectivo.* **With a credit card.** *Con tarjeta de crédito.*

8) Cuando intentemos combinar prendas o colores:

I'm looking for a color **to match** with orange.
Estoy buscando un color que combine con el anaranjado.

I'd like a skirt **to match** with this blouse.
Quiero una falda que combine con esta blusa.

b) VOCABULARIO: LOS COLORES - THE COLORS

red	*rojo*	**purple**	*morado*	**white**	*blanco*
yellow	*amarillo*	**sky blue**	*azul celeste*	**pink**	*rosa*
orange	*anaranjado*	**blue**	*azul*	**fuchsia**	*fucsia*
black	*negro*	**green**	*verde*	**navy blue**	*azul marino*
gray	*gris*	**brown**	*marrón*		

• Para expresar la intensidad del color usamos "light" *(claro)* y "dark" *(oscuro)*:

I hate **dark brown** on clothes. *Odio el marrón oscuro en la ropa.*
She'd like a **light green** car. *Ella quisiera un auto verde claro.*

• Los tonos claros también pueden expresarse con "pale" (pálido, pastel):

I don't like **pale pink**. *No me gusta el rosa pastel (rosa pálido).*

• Otros adjetivos relativos al color son:

colorful	*colorido*	**golden**	*dorado*
silver	*plateado*	**ivory**	*marfil*

She always wears **colorful** dresses. *Ella siempre lleva vestidos coloridos.*
I'd like a golden belt. *Quisiera un cinturón dorado.*

• Cuando nos refiramos a una persona que va vestida de un color determinado, podemos decir:

The woman **in red** is my wife. *La mujer de rojo es mi esposa.*
My boss is the man in **dark gray**. *Mi jefe es el hombre de gris oscuro.*

GRAMÁTICA FÁCIL

a) LOS PRONOMBRES "ONE" Y "ONES"

"One" y **"ones"** pueden usarse como pronombres, es decir, sustituyendo a un nombre, y se utilizan para evitar la repetición del mismo.
"One" se utiliza para sustituir a un sustantivo singular y **"ones"** para sustituir a un nombre plural. Pueden ir precedidos de:

1) El artículo "the":

The book on the shelf is a dictionary. **The one** on the table is a guide.
El libro que hay en el estante es un diccionario. El [libro] que está en la mesa es una guía.

En el ejemplo anterior vemos cómo "the one" evita que repitamos "the book".

These flowers are expensive. **The ones** I bought yesterday were cheaper.
Estas flores son caras. Las [flores] que compré ayer eran más baratas.

En este caso se utiliza "the ones" porque va en sustitución de un sustantivo plural (flowers).

Hemos de tener cuidado ya que estos pronombres no tienen equivalente en español, pero en inglés sí hay que usarlos.

2) Un demostrativo (this, that, these, those):

"This" y "that" para el singular:

Do you like this lamp? I prefer **that one**.
¿Te gusta esa lámpara? Yo prefiero ésa.

There are good cars but **this one** is excellent.
Hay buenos autos pero éste es excelente.

"These" y "those" para el plural:

- Which oranges would you like?   - ¿Qué naranjas quiere?
- I'd like **these ones**.   - Quisiera éstas.

These books are interesting but those ones are boring.
Estos libros son interesantes pero esos son aburridos.

3) Un adjetivo:

This shirt is nice but I prefer **the blue one**.
Esta camisa es bonita pero prefiero la azul.

I've got two dogs: **a big one** and a **small one**.
Tengo dos perros: uno grande y uno pequeño.

Look at all these apples. **Those red ones** are delicious.
Mira todas estas manzanas. Ésas rojas están deliciosas.

4) "Last" *(último)* y "next" *(próximo)*:

I did a lot of exercises. **The last ones** were difficult.
Hice muchos ejercicios. Los últimos eran difíciles.

The match was terrible. **The next one** will be better.
El partido fue terrible. El próximo será mejor.

5) Which *(cuál, cuáles)*:

- I'd like that TV set.   - Quisiera ese televisor.
- **Which one**?   - ¿Cuál?
- That big **one**.   - Ése grande.

- I want some of those apples.
- **Which ones**? The red **ones** or the green **ones**?
- *Quiero de esas manzanas.*
- *¿Cuáles? ¿Las rojas o las verdes?*

b) ADJETIVOS

En capítulos anteriores ya hemos visto usos y posiciones de los
adjetivos, que ahora vamos a repasar.
Ya sabemos que los adjetivos indican cualidades del nombre al que
acompañan. Se colocan:

1) Delante del nombre:

She likes this **silver** ring.   *A ella le gusta este anillo de plata.*
I live in a **small** apartment.   *Vivo en un apartamento pequeño.*

Podemos usar varios adjetivos en una oración:

> She likes this **Mexican, silver** <u>ring</u>.
> *A ella le gusta este anillo de plata mejicano.*
>
> I live in a **nice, small** <u>apartment</u>.
> *Vivo en un bonito apartamento pequeño.*

2) Detrás del verbo "to be":

The test <u>was</u> **easy**.	*El examen fue fácil.*
I <u>am</u> tall and **slim**.	*Soy alto y delgado.*
The handbag <u>is</u> **expensive**.	*El bolso es caro.*

Hemos de recordar que los adjetivos son invariables y, por tanto, no tienen diferencia en sus formas de masculino, femenino, singular y plural.

a **brown** jacket	*una chaqueta marrón*
three **brown** jackets	*tres chaquetas marrones*
a **brown** car	*un auto marrón*
some **brown** cars	*algunos autos marrones*

Hay muy pocos casos en los que se usan diferentes adjetivos para el masculino y el femenino:

a **pretty** woman	*una mujer bonita*
a **handsome** man	*un hombre bonito*

c) LA PREPOSICIÓN "FOR"

Entre los usos de la preposición "for", uno de los más frecuentes es **indicar que algo es para alguien**.

I've got something **for** you.	*Tengo algo para ti.*
This gift is **for** my aunt.	*Este regalo es para mi tía.*
Are these flowers **for** your mother?	*¿Son estas flores para tu madre?*

d) SUSTANTIVOS PLURALES

En capítulos posteriores se tratará en profundidad el plural de los sustantivos, pero, en este caso, vamos a tratar algunos nombres que siempre tienen forma de plural.

glasses	*lentes*	**pants**	*pantalón/es largo/s*
scissors	*tijeras*	**jeans**	*pantalón/es tejano/s*
shorts	*pantalón/es corto/s*	**pajamas**	*pijama*

Para indicar que nos referimos a uno de estos artículos, debemos usar **"a pair of"** (un par de):

I need to buy **a pair of** glasses. *Necesito comprar unas lentes.*
I'd like **a pair of** jeans. *Quisiera un pantalón tejano.*

La expresión **"a pair of"** también se utiliza con objetos que suelen aparecer como par.

a pair of gloves *un par de guantes*
a pair of socks *un par de calcetines*
a pair of shoes *un par de zapatos*
a pair of boots *un par de botas*

EJERCICIOS:

1.- Encuentra seis colores en la sopa de letras.

W	O	L	L	E	Y	E
B	B	T	G	V	W	G
R	L	L	R	G	P	N
O	U	W	A	R	I	A
N	E	R	Y	C	N	R
W	W	H	I	T	K	O

2.- Corrige los errores en las siguientes frases.

a) I bought a glasses yesterday.
b) Those films are boring. This ones is more interesting.
c) There's a letter of you.
d) She wants to buy two jeans.
e) Which ones is dirty? The blue one or the pink ones?

3.- Ordena las palabras para formar frases correctas.

a) French expensive likes that she perfume.
b) one which ? one ? that
c) bottle bought small he the ones they have big didn't.
d) the is the one brown faster car white than.
e) unit easier the one this is than last.

SOLUCIONES

1.- black, blue, pink, orange, yellow, gray.
2.- a) I bought a pair of glasses yesterday; b) Those films are boring. This one is more interesting; c) There's a letter for you; d) She wants to buy two pairs of jeans; e) Which one is dirty? The blue one or the pink one?/Which ones are dirty? The blue ones or the pink ones?
3.- She likes that expensive French perfume.; b) Which one? That one? c) He bought the big / small bottle. They didn't have small / big ones. d) The brown / white car is faster than the white / brown one.; e) This unit is easier than the last one.

UNIDAD

20

EN ESTA UNIDAD ESTUDIAREMOS:

LET'S SPEAK ENGLISH:

A) EXPRESIONES AL IR DE COMPRAS (II).

B) VOCABULARIO: LA ROPA.

GRAMÁTICA FÁCIL:

A) LOS ADVERBIOS "TOO" Y "ENOUGH".

B) PEDIR PERMISO.

C) ADJETIVOS TERMINADOS EN "-ED" Y EN "-ING".

SITUACIÓN: Ann está buscando una chaqueta nueva en el centro comercial. Zack es el dependiente que la atiende.

Ann: Hello! I'm looking for **a jacket. Could you** help me?

Zack: Sure. **What kind of** jacket are you looking for?

Ann: Something casual that I can wear everywhere.

Zack: What size do you wear?

Ann: Medium.

Zack: Ok. Let's see what we've got. How about this one?

Ann: Mm, it's nice. **May I have it in red**?

Zack: I'm afraid we haven't got any in red. We've got it in purple.

Ann: Ok. **Can I try it on**?

Zack: Certainly. The dressing rooms are just there, on the left.

Ann: What do you think?

Zack: It really **suits** you! It **goes well with** your **jeans**.

Ann: I think it's too big. **Could I have it in size small**?

Zack: Here you are.

Ann: Hmm, I'm not sure about it. **Can I** see some others, please?

Zack: Of course. How about this black leather **jacket**?

Ann: Ok. I think it's big **enough**. I'll **try it on**.

Zack: Wow! That **suits** you too!

Ann: I don't know... There's **too much** choice.

Zack: Well, you can always think about it at home and come back another day.

Ann: Yes, I think I will. I'm **bored** of shopping now. It's **exhausting**.

Zack: See you another day then.

Ann: Yes. Thanks for your help. Bye!

DIÁLOGO 20:

Ann: ¡Hola! Estoy buscando una **chaqueta**. ¿**Podría** ayudarme?

Zack: Claro. ¿**Qué tipo de** chaqueta está buscando?

Ann: Algo informal que pueda llevar a todos sitios.

Zack: ¿**Qué talla tiene**?

Ann: Mediana.

Zack: De acuerdo. Veamos lo que tenemos. ¿Qué tal ésta?

Ann: Mmm, es bonita. ¿**Puedo verla en rojo**?

Zack: Me temo que no la tenemos en rojo. La tenemos en morado.

Ann: De acuerdo. ¿**Puedo probármela**?

Zack: Por supuesto. Los probadores están allí, a la izquierda.

Ann: ¿Qué le parece?

Zack: Realmente **le queda** bien. **Conjunta bien** con sus **pantalones tejanos**.

Ann: Creo que es **demasiado** grande. ¿**Podría darme la talla pequeña**?

Zack: Aquí tiene.

Ann: Hmm, no estoy segura. ¿**Puedo** ver otras, por favor?

Zack: Por supuesto. ¿Qué tal esta **chaqueta** negra de piel?

Ann: Bien. Creo que es **suficientemente** grande. Me la **probaré**.

Zack: ¡Caramba! Le **queda** bien, también.

Ann: No sé…. Hay **demasiada** gama.

Zack: Bien, siempre puede pensarlo en casa y volver otro día.

Ann: Sí, creo que lo haré. Estoy **aburrida** de comprar ahora. Es **agotador**.

Zack: Entonces, ¡hasta otro día!

Ann: Sí. Gracias por su ayuda. ¡Adiós!

Mis palabras clave

....

....

....

....

LET'S SPEAK ENGLISH

a) EXPRESIONES AL IR DE COMPRAS (II)

1) Para preguntar el tipo o clase de objeto que deseamos comprar podemos decir:

What type of ....?	¿Qué tipo de...?
What kind of.....?	¿Qué clase de...?
What sort of.....?	¿Qué tipo de?

What type of jacket is she looking for?
¿Qué tipo de chaqueta está buscando ella?

What kind of pants do you need?
¿Qué clase de pantalones necesita?

What sort of book are you reading?
¿Qué tipo de libro estás leyendo?

2) Para preguntar por la talla de alguna prenda de vestir: [size: *talla*]

What size?	¿Qué talla?
What size do you take?	¿Qué talla tiene usted?
What size pants **do you take**?	¿Qué talla de pantalones tiene usted?
What size shoes **do you take**?	¿Qué número de pie tiene usted?
	¿Qué número calza?

Vemos que entre la palabra "size" y la prenda no aparece ninguna preposición.
Las tallas o medidas suelen ser:

Extra large (XL)	*extra grande*
Large (L)	*grande*
Medium (M)	*mediano/a*
Small (S)	*pequeño/a*

What size shirt do you take? *¿Qué talla de camisa tiene usted?*
I take the **medium** size. *Tengo la talla mediana.*

3) Para solicitar que nos muestren un producto en distintos colores, tamaños o materiales, decimos:

May I have it **in red**? *¿Puedo verlo en rojo?*
Can I have it **in large**? *¿Puedo verlo en talla grande?*
May I see it **in leather**? *¿Puedo verlo en piel?*

4) Para expresar que una prenda o color sienta bien se pueden usar los verbos "suit" y "go".

This blouse **suits** you.
Esta camisa te queda bien.
This color **suits** you very well.
Este color te queda muy bien.
Does this **suit** me?
¿Me queda esto bien?
Those jeans **go well with** your new jacket.
Esos tejanos van bien con tu chaqueta nueva.

5) Si queremos probarnos una prenda haremos uso del verbo **"to try on"** (probarse):

Can I **try** these jeans **on**? *¿Puedo probarme estos tejanos?*
May I **try on** this T-shirt? *¿Puedo probarme esta camiseta?*
I'll **try on** this skirt. *Me probaré esta falda.*

b) VOCABULARIO: LA ROPA –THE CLOTHES

shirt	camisa	**skirt**	falda
pants	pantalones	**socks**	calcetines
belt	cinturón	**underwear**	ropa interior
jacket	chaqueta	**tie**	corbata
blouse	blusa	**suit**	traje
cap	gorra	**tracksuit**	chándal
hat	sombrero	**trainers/**	zapatillas de deporte
jeans	pantalones	**sneakers**	
	tejanos	**shoes**	zapatos
jumper	jersey	**boots**	botas
sweater	suéter	**sandals**	sandalias
dress	vestido	**swimsuit**	traje de baño
coat	abrigo	**gloves**	guantes
raincoat	impermeable	**scarf**	bufanda
T-shirt	camiseta	**glasses**	lentes
shorts	pantalones cortos	**sunglasses**	lentes de sol

En algunos países de lengua inglesa, algunas de estas prendas pueden decirse de manera diferente, como ocurre con "pants" y "trousers" *(pantalones)*.

GRAMÁTICA FÁCIL

a) LOS ADVERBIOS "TOO" Y "ENOUGH"

Ambos pueden modificar a un adjetivo o a un adverbio y también pueden usarse con sustantivos.

1) "Too" significa *"demasiado"* y se coloca delante del adjetivo o adverbio.

This skirt is **too** long.	*Esta falda es demasiado larga.*
These boots are **too** small.	*Estas botas son demasiado pequeñas.*
This activity is **too** easy.	*Esta actividad es demasiado fácil.*
This morning I got up **too** late.	*Esta mañana me levanté demasiado tarde.*

¡Ojo!: Hay que saber diferenciar este "too" (demasiado) del "too" *(también)* que usamos al final de las oraciones:

The room is **too** dirty.	*La habitación está demasiado sucia.*
The room is dirty, **too**.	*La habitación está sucia también.*

• Con sustantivos, "too" necesita de "much" o "many":

too much:	*demasiado/a*	→	*con nombres incontables*
too many:	*demasiados/as*	→	*con nombres contables*

En estos casos, estas expresiones van delante del sustantivo:

I don't have **too much** time.
No tengo demasiado tiempo.

There's **too much** juice in the fridge.
Hay demasiado jugo en el refrigerador.

There are **too many** people.
Hay demasiada gente.

There are **too many** pictures in the museum.
Hay demasiados cuadros en el museo.

2) **"Enough"** significa *"suficientemente"* y se coloca detrás del adjetivo o adverbio.

This dress isn't <u>long</u> **enough**.
Este vestido no es lo suficientemente largo.
This couch is not <u>comfortable</u> **enough**.
Este sofá no es lo suficientemente cómodo.
This pair of jeans is not <u>big</u> **enough**.
Estos pantalones tejanos no son lo suficientemente grandes.
I arrived <u>early</u> **enough**.
Llegué suficientemente temprano.

Cuando **"enough"** se utiliza con sustantivos siempre ha de colocarse delante de ellos, y, en estos casos, significa *"suficiente/s"*. Puede acompañar a nombres tanto contables como incontables:

Is there **enough** <u>milk</u>?	*¿Hay suficiente leche?*
I have **enough** <u>money</u>.	*Tengo suficiente dinero.*
There aren't **enough** <u>chairs</u>.	*No hay suficientes sillas.*
She has **enough** <u>friends</u>.	*Ella tiene suficientes amigos.*

b) PEDIR PERMISO

Para pedir permiso se utilizan los auxiliares "can", "could" y "may" en preguntas.
"Can" se usa de manera más informal, mientras que "could" y "may" lo hacen de una manera más formal.

Can I go to the toilet?	*¿Puedo ir al baño?*
Could I talk to you for a minute?	*¿Podría hablar con usted un momento?*
May I use your computer?	*¿Puedo utilizar su computadora?*

A estas preguntas se les puede responder afirmativa o negativamente. Así:

<u>respuestas afirmativas</u>	<u>respuestas negativas</u>
Yes, you can. *Sí, puede.*	**No, you can't.** *No, no puede.*
Yes, you may. *Sí, puede.*	**No, you may not.** *No, no puede.*
Certainly. *Por supuesto.*	**I'm sorry but you can't.**
Of course. *Por supuesto.*	*Lo siento pero no puede.*
Sure. *Claro.*	**I'm afraid you can't.**
	Me temo que no puede.

- **Could** I try on this pair of pants? - ¿Podría probarme estos pantalones?
- **Certainly**. - Por supuesto.

- **May** I see that T-shirt? - ¿Puedo ver esa camiseta?
- **Yes, you may.** - Sí que puede.

- **Can** I pay with a credit card?
- **I'm afraid you can't**.
  We only accept cash.

- *¿Puedo pagar con tarjeta de crédito?*
- *Me temo que no puede.*
  Sólo aceptamos en efectivo.

c) ADJETIVOS TERMINADOS EN "-ED" Y EN "-ING"

En inglés existe una serie de adjetivos que se pueden confundir, ya que tienen la misma base, pero una terminación distinta. Unos acaban en **"-ed"** y otros en **"-ing"**.

1) Usaremos los terminados en "-ed" cuando nos refiramos a cómo están las personas, cómo se sienten. Describen un estado.

bored	*aburrido*
worried	*preocupado*
interested	*interesado*
tired	*cansado*
exhausted	*agotado*

She is **bored**.
I'm **interested** in history.
My mother is **worried**.
Are you **tired**?

Ella está aburrida.
Estoy interesado en la historia.
Mi madre está preocupada.
¿Estás cansado?

2) Usaremos los terminados en **"-ing"** cuando nos refiramos a cómo son (y no a cómo están) las personas o situaciones.

boring	*aburrido*
worrying	*preocupante*
interesting	*interesante*
tiring	*cansado*
exhausting	*agotador*

This movie is very **interesting**.
The news is **worrying**.
The journey was very **tiring**.

Esta película es muy interesante.
La noticia es preocupante.
El viaje fue muy cansado.

Por lo tanto podríamos decir:

I am **bored** because this program is **boring**.
Estoy aburrido porque este programa es aburrido.

We are **worried** because our situation is **worrying**.
Estamos preocupados porque nuestra situación es preocupante.

He is **exhausted** because the tennis match was **exhausting**.
Él está agotado porque el partido de tenis fue agotador.

EJERCICIOS:

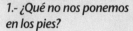

1.- ¿Qué no nos ponemos en los pies?

boots
socks
belts
shoes

2.- Resuelve el crucigrama. En vertical se puede leer una prenda de vestir.

1 Tipo de calzado para tiempo caluroso.

2 Prenda que cubre desde el cuello hasta las caderas.

3 Complemento que suele acompañar a un traje.

4 Prenda femenina que cubre las piernas.

5 Prenda que cubre los pies.

3.- Ordena las palabras para formar frases correctas.

a) chairs have we don't enough.
b) there too milk much coffee this in is.
c) heavy is bag too the?
d) the is good wine not enough.
e) house in many are there too doors the.

4.- Elige la opción correcta.

a) Joseph had a (tiring / tired) day. He's (tiring / tired).

b) My bath was (relaxing / relaxed). I feel (relaxing / relaxed) now.

c) I am (worrying / worried) because this problem is (worrying / worried).

d) I'm (interesting /interested) in history. It's (interesting / interested).

e) Are you (boring / bored)? Yes, it's a (boring / bored) afternoon.

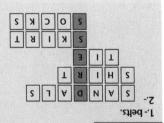

UNIDAD

21

EN ESTA UNIDAD ESTUDIAREMOS:

LET'S SPEAK ENGLISH:

A) PESOS Y MEDIDAS.

B) DIFERENCIAS ENTRE LOS VERBOS "TO DO" Y "TO MAKE".

GRAMÁTICA FÁCIL:

A) USOS DE "HOW" (II).

B) VERBOS USADOS AL ENVIAR CORREO.

C) "THERE WAS" Y "THERE WERE".

SITUACIÓN: Sophie está comprando comida en la ciudad, pero quiere que se la lleven a casa. Thomas es el dependiente que la atiende.

Thomas: Good morning!. What can I do for you?

Sophie: I'd like **a pound of** apples, **two pounds** of pears and **half a pound of** strawberries, please.

Thomas: Mmm... You like fruit.

Sophie: Yes, a lot. I'm going to **make** some juice. **There was** a recipe in my magazine. **How much** is that?

Thomas: That'll be $5.20.

Sophie: Ok. I'll take **a dozen** eggs and **a gallon** of milk, as well.

Thomas: That's fine.

Sophie: Do you **deliver**? I live quite far from here and I haven't got a car.

Thomas: How far away do you live?

Sophie: About six **miles**. It's very difficult without a car. **There was** a bus, but it stopped running a few months ago.

Thomas: How often do you come to town?

Sophie: Only once a week.

Thomas: And **how long does it take** to walk here?

Sophie: It **takes** about two hours.

Thomas: Then, how do you go to work?

Sophie: I work from home. I design advertisements and then I **email** them to the office. They **wire** me the money I earn.

Thomas: That's interesting. Well, we only **deliver** within two **miles** of the shop, but I'll **do** you a favor and take the food to your house.

Sophie: Thank you very much.

Thomas: Write your address here. Anyway we'll **send** you a receipt by mail.

Sophie: Ok. Goodbye!

Thomas: Have a nice day!

DIÁLOGO 21:

Thomas: ¡Buenos días! ¿Qué puedo hacer por usted?

Sophie: Quiero **una libra de** manzanas, dos libras de peras y **media libra de** fresas, por favor.

Thomas: Mmm. Le gusta la fruta.

Sophie: Sí, mucho. Voy a **hacer** jugo. **Había** una receta en mi revista. **¿Cuánto** es?

Thomas: Serán $5.20.

Sophie: Bien. Me llevo **una docena** de huevos y **un galón** de leche, también.

Thomas: Muy bien.

Sophie: ¿Tienen servicio de **reparto**? Vivo bastante lejos de aquí y no tengo auto.

Thomas: **¿A qué distancia** vive?

Sophie: A unas seis **millas**. Es muy difícil sin auto. **Había** un autobús, pero dejó de operar hace unos pocos meses.

Thomas: **¿Con qué frecuencia** viene a la ciudad?

Sophie: Sólo una vez a la semana.

Thomas: ¿Y c**uánto tiempo se tarda** en venir aquí caminando?

Sophie: **Se tardan** unas dos horas.

Thomas: Entonces, ¿cómo va a trabajar?

Sophie: Trabajo desde casa. Diseño anuncios y luego los **envío por correo electrónico** a la oficina. Ellos me **giran** el dinero que gano.

Thomas: Interesante. Bueno, nosotros sólo **repartimos** hasta dos **millas** de la tienda, pero le **haré** un favor y le llevaré la comida a casa.

Sophie: Muchas gracias.

Thomas: Escriba su dirección aquí. En cualquier caso le **enviaremos** un recibo por correo.

Sophie: De acuerdo. ¡Adiós!

Thomas: ¡Que tenga un buen día!

Mis palabras clave

....

....

....

....

LET'S SPEAK ENGLISH

a) PESOS Y MEDIDAS - WEIGHTS AND MEASURES

A continuación se muestra una tabla con equivalencias de pesos y medidas, ya que éstos se expresan de manera diferente según el país en que nos encontremos.

Medidas de longitud

1 inch (in.)   ⟶   *1 pulgada = 2.54 centímetros*
1 foot (ft.)   ⟶   *1 pie = 30.48 centímetros*
1 yard (yd.)   ⟶   *1 yarda = 0.914 metros*
1 mile (mi.)*   ⟶   *1 milla = 1.609 kilómetros*

(*) La abreviatura que se recomienda para "mile" es "mi.", pese a que podemos encontrar otras, como en "mph" (miles per hour, *millas por hora*).

Medidas de capacidad o volumen

1 gallon (gal.)   ⟶   *1 galón = 3.78 litros*
1 quart (qt.)   ⟶   *1 cuarto de galón = 0.94 litros*

Medidas de peso

1 ton (t.)   ⟶   *1 tonelada = 907 kilogramos (2.000 libras)*
1 pound (lb.)   ⟶   *1 libra = 0.453 kilogramos*
1 ounce (oz.)   ⟶   *1 onza = 28.35 kilogramos*

Medidas de cantidad

1 dozen (dz.)   ⟶   *1 docena = 12 unidades*

Éste es el sistema utilizado en EEUU. En otros países estos pesos y medidas pueden corresponder a cantidades ligeramente diferentes.

The path is two **yards** long.
El camino mide (tiene) dos yardas de largo.
There's a **gallon** of milk in the fridge.
Hay un galón de leche en el refrigerador.
I need a **pound** of sugar for the cake.
Necesito una libra de azúcar para el pastel.
Can you buy a **dozen** eggs?
¿Puedes comprar una docena de huevos?

b) DIFERENCIAS ENTRE LOS VERBOS "TO DO" Y "TO MAKE"

Para un hispanoparlante estos dos verbos pueden presentar algunas dudas. Ambos significan "hacer", pero veamos las diferencias entre ellos.

"To do" se usa:

i) Cuando hablamos de una actividad, sin mencionar cuál es:

What are you **doing**?	*¿Qué estás haciendo?*
I'm **doing** my work.	*Estoy haciendo mi trabajo.*
I'm not **doing** anything.	*No estoy haciendo nada.*

ii) Cuando alguien realiza una actividad o tarea:

I have to **do** the washing.	*Tengo que hacer la colada.*
Are you **doing** a crossword?	*¿Estás haciendo un crucigrama?*

Hay algunas expresiones con "to do", entre las que están:

to do business	*hacer negocio*
to do harm	*hacer daño*
to do a favor	*hacer un favor*
to do the homework	*hacer los deberes*
to do the housework	*hacer las tareas domésticas*
to do the cleaning	*hacer la limpieza*

"To make" se usa:

i) Con la idea de "crear", "fabricar", "elaborar".

She's **making** a dress.	*Ella está haciendo un vestido.*
I'll **make** a cup of tea.	*Haré una taza de té.*

ii) Al referirnos a todo tipo de comidas:

I **made** an omelette for dinner.	*Hice una tortilla para la cena.*
They're **making** a delicious meal.	*Están haciendo una comida deliciosa.*

Otras expresiones con el verbo "to make" son:

to make a mistake	*cometer un error*
to make friends	*hacer amigos*
to make a decision	*tomar una decisión*
to make an effort	*hacer un esfuerzo*
to make a noise	*hacer ruido*
to make a phone call	*hacer una llamada de teléfono*
to make your bed	*hacer la (tu) cama*

GRAMÁTICA FÁCIL

a) USOS DE "HOW" (II)

Como pronombre interrogativo significa "cómo".

How are you?	*¿Cómo estás?*
How can I do it?	*¿Cómo puedo hacerlo?*
How did you go to New York?	*¿Cómo fuiste a Nueva York?*

Pero en combinación con otras palabras tiene diferentes significados:

HOW OFTEN?

Como ya aprendimos anteriormente, se usa para indicar la frecuencia con la que ocurre alguna acción:

How often do you go to the movies?
¿Con qué frecuencia vas al cine?
How often does he do the shopping?
¿Con qué frecuencia hace él la compra?

HOW OLD?

Se utiliza para preguntar la edad:

How old are you?	*¿Qué edad tienes?*
How old is her brother?	*¿Qué edad tiene su hermano?*

HOW FAR?

Lo usamos para preguntar por distancias:

How far is it?	*¿A qué distancia está?*
How far is the station?	*¿A qué distancia está la estación?*

How far is the drugstore from the bank?
¿A qué distancia está la farmacia del banco?

HOW MUCH?

Se usa para preguntar por precios:

How much is it?	*¿Cuánto cuesta?*
How much are the pictures?	*¿Cuánto cuestan los cuadros?*
How much does this lamp cost?	*¿Cuánto cuesta esta lámpara?*

Y también para preguntar por cantidad con un nombre incontable:

How much juice did you buy?   *¿Cuánto jugo compraste?*
How much flour does she need? *¿Cuánta harina necesita ella?*

HOW MANY?

Se usa para preguntar por cantidad con un nombre contable:

How many letters did you write?
¿Cuántas cartas escribiste?
How many books are there on the table?
¿Cuántos libros hay en la mesa?

HOW LONG?

Así se pregunta por la duración de una actividad:

How long did you live in New Orleans?
¿Cuánto tiempo viviste en Nueva Orleans?
How long did she stay at the hotel?
¿Cuánto tiempo se quedó ella en el hotel?

También se usa para preguntar el tiempo que se tarda en realizar una actividad. Para ello se utiliza también el verbo "to take", que, en este caso significa "tardar"o "llevar".

El sujeto siempre es "it". Así:

How long does it take to...?
¿Cuánto se tarda en...?
How long does it take to fly to Florida?
¿Cuánto tiempo se tarda en volar a Florida?
How long does it take to make a paella?
¿Cuánto tiempo se tarda en preparar una paella?

Para contestar: **It takes.....** *(Se tarda....)*

It takes two hours. *Se tardan dos horas.*

- How long does it take to get
  to the city center?
- **It takes** half an hour.

- *¿Cuánto tiempo se tarda en llegar
  al centro de la ciudad?*
- *Se tarda media hora.
  (Lleva media hora).*

b) VERBOS USADOS AL ENVIAR CORRESPONDENCIA

Al hablar de correspondencia, encontramos unos verbos que usamos frecuentemente:

> **to send**   an e-mail, a letter, a postcard, a package
> **to mail**   *enviar un correo electrónico, una carta, una tarjeta postal, un paquete.*

En algunos países de lengua inglesa se utiliza el verbo **"to post"** *(enviar)*.

I **mailed** a letter to my parents.   *Envié una carta a mis padres.*
I **am sending** an e-mail to John.   *Estoy enviando un correo electrónico a John.*

- Coloquialmente se puede usar **"to email"** *(enviar un correo electrónico)* como "to send an e-mail":

I **emailed** John to inform him about our plans.
Envié un correo electrónico a John para informarle de nuestros planes.

> **to deliver**   *repartir o entregar*

Look! The postman is **delivering** letters in this building.
Mira, el cartero está repartiendo cartas en este edificio.

> **to wire money**   *girar o enviar dinero*

She wires money from Spain every month.
Ella gira (envía) dinero desde España todos los meses.

c) HABÍA/HUBO – "THERE WAS" Y "THERE WERE"

Ya aprendimos el uso de la forma impersonal "hay" en presente: there is, there are. A continuación estudiaremos las formas de pasado: **there was**, **there were**.
Por lo tanto, estas estructuras equivalen en español a "había" o "hubo".
"There was" se usa con nombres incontables y con nombres contables en singular. **"There were"** se usa con nombres contables en plural.

De forma afirmativa:

There was some chocolate.	*Había chocolate.*
There was a glass on the table.	*Había un vaso en la mesa.*
There were some cars in the street	*Había algunos autos en la calle.*
There were a lot of people at the concert.	*Había mucha gente en el concierto.*

De forma negativa:

There wasn't any ice.　　No había hielo.
There wasn't a match on TV.　No hubo partido por televisión.
There weren't any matches　No había fósforos en la caja.
in the box.
There weren't many cameras　No había muchas cámaras en
in the shop.　　la tienda.

En preguntas:

Was there a man at the door?　¿Había un hombre en la puerta?
Were there any students in　¿Había estudiantes en la clase?
the classroom?

Y en respuestas cortas:

Was there any milk in the glass? **Yes, there was.**
¿Había leche en el vaso? Sí.
Were there many people at the bank? **No, there weren't.**
¿Había mucha gente en el banco? No.

EJERCICIOS:

1.- Usa la forma correcta de los verbos "do" o "make".

a) She ....a mistake in the exercise.
b) They are ....a salad for lunch.
c) Can you ....me a favor?
d) How often do you .... the cleaning at home?
e) He never .... his bed. He's very untidy.

2.- Completa los espacios con "about", "long", "much", "many", "old", "far" y "often".

a) How ....languages can you speak?
b) How ....do you eat out?
c) How ....is London from New York?
d) How ....doing another exercise?
e) How ....salt do you need?
f) How ....is the Mississippi river?
g) How ....is your grandmother?

3.- Relaciona:

a) ....a glass on the table?　1) Was there
b) ....two students in the classroom.　2) There was
c) ....any water to drink.　3) There were
d) ....any people at the bar?　4) There weren't
e) ....a good film on television last week.　5) There wasn't
f) ....any oranges in the shop.　6) Were there

UNIDAD

22

EN ESTA UNIDAD ESTUDIAREMOS:

LET'S SPEAK ENGLISH:

A) VERBOS RELACIONADOS CON EL DINERO.

B) VOCABULARIO: EN EL BANCO.

GRAMÁTICA FÁCIL:

A) PREGUNTAS PARA CONFIRMAR (TAG QUESTIONS).

B) USO DE "STILL" Y "YET" (TODAVÍA).

C) EXPRESIONES PARA ENUMERAR U ORDENAR ACCIONES.

SITUACIÓN: Vicky está hablando con su marido, Steve, sobre su situación económica.

Vicky: I'm thinking of **opening** a new **account** at the **bank**. What do you think, Steve?

Steve: What for?

Vicky: Well, I think we need to **save** some more money, **don't you**?

Steve: Yes, that sounds like a good idea.

Vicky: We **waste** so much money, **spending** it on trips, clothes and other things.

Steve: You're right. And now we earn more. We can make **monthly payments** into a **savings bank**, **can't we**?

Vicky: I **still** have an **overdraft** of $100 on my **current account**. I haven't paid that back **yet**.

Steve: Yes. **First** we need to pay back what we borrowed from the **bank**.

Vicky: **Then** we can **open an account** at the **savings bank**.

Steve: And each month we can either pay money in by **check** or set up **monthly** payments from our **current accounts**.

Vicky: We must try to **take out** less **money**.

Steve: Yes. We need to **invest** in the children's future.

Vicky: You're right. **First** we can pay the **overdrafts**, then we can **open an account**, and, when we **save** a lot of money, we can increase the **mortgage payments**.

Steve: What about going to the **bank** now?

Vicky: No. Wait! I'm not ready **yet**.

Steve: Well, we'll go when you're **finally** ready.

Vicky: Ok. I'll be ready in ten minutes...

DIÁLOGO 22:

Vicky: Estoy pensando en **abrir** una nueva **cuenta** en el **banco**. ¿Qué te parece, Steve?

Steve: ¿Para qué?

Vicky: Bueno, creo que necesitamos ahorrar más dinero, **¿no crees?**

Steve: Sí, parece una buena idea.

Vicky: **Malgastamos** mucho dinero, **gastándolo** en viajes, ropa y otras cosas.

Steve: Tienes razón. Y ahora **ganamos** más. Podemos ingresar **cuotas mensuales** en **una caja de ahorros**, **¿verdad?**

Vicky: **Todavía** tengo un **descubierto** de $100 en mi **cuenta corriente**. No lo he pagado aún.

Steve: Sí. **Primero** necesitamos devolver lo que **pedimos** al **banco**.

Vicky: **Luego** podemos **abrir una cuenta** en la **caja de ahorros**.

Steve: Y cada mes podemos ingresar dinero en **cheque** o establecer **cuotas mensuales** desde nuestras **cuentas corrientes**.

Vicky: Debemos intentar **retirar** menos **dinero**.

Steve: Sí. Necesitamos **invertir** en el futuro de los niños.

Vicky: Tienes razón. **Primero** podemos pagar los **descubiertos**, luego podemos **abrir una cuenta** y, cuando **ahorremos** mucho dinero, podemos aumentar los **pagos de la hipoteca**.

Steve: ¿Qué tal si vamos al **banco** ahora?

Vicky: No.¡Espera! No estoy lista **todavía**.

Steve: Bueno, iremos cuando **por fin** estés preparada.

Vicky: De acuerdo. Estaré lista en diez minutos...

Mis palabras clave

LET'S SPEAK ENGLISH

a) VERBOS RELACIONADOS CON EL DINERO

Con respecto al dinero podemos:

To earn ⟶ *ganar (como salario)*
My wife **earns** more money than me.
Mi esposa gana más dinero que yo.

To save ⟶ *ahorrar*
It's good **to save** some money. One never knows...
Es bueno ahorrar dinero. Uno nunca sabe...

To keep ⟶ *guardar*
My daughter **keeps** her money in a piggy bank.
Mi hija guarda su dinero en una hucha.

To spend ⟶ *gastar*
We **spend** a lot of money on food.
Nosotros gastamos mucho dinero en comida.

To waste ⟶ *malgastar*
They **wasted** a fortune on gambling.
Ellos malgastaron una fortuna en el juego.

To invest ⟶ *invertir*
I don't have any money to **invest**.
No tengo dinero para invertir.

To borrow ⟶ *pedir prestado*
I was broke and I **borrowed** some money.
Estaba arruinado y pedí dinero prestado.

To lend ⟶ *prestar*
My friends **lend** me a little money when I am in need.
Mis amigos me prestan un poco de dinero cuando estoy necesitado.

b) VOCABULARIO: EN EL BANCO – AT THE BANK

Vocabulario:

bank	*banco*
savings bank	*caja de ahorros*
current account	*cuenta corriente*
balance	*saldo*
overdraft	*descubierto, sobregiro*
debit card	*tarjeta de débito*
credit card	*tarjeta de crédito*
loan	*préstamo*
mortgage	*hipoteca*
amount	*importe, cantidad*
savings	*ahorros*
cash	*efectivo*
check	*cheque*
monthly payment	*cuota mensual*
ATM (Automatic Teller Machine)	*cajero automático*

VERBOS:

to open an account	*abrir una cuenta*
to exchange money	*cambiar divisa*
to ask for a loan	*pedir un préstamo*
to grant a loan	*conceder un préstamo*
to give a credit	*conceder un crédito*
to pay (in) cash	*pagar en efectivo*
to pay by check	*pagar con cheque*
to pay with a credit card	*pagar con tarjeta de crédito*
to take out money	*sacar/retirar dinero*
to withdraw money	*sacar/retirar dinero*

GRAMÁTICA FÁCIL

a) PREGUNTAS PARA CONFIRMAR - TAG QUESTIONS

En la conversación, muchas veces pedimos confirmación de lo que decimos por parte de la otra persona. En español lo hacemos con preguntas como *"¿verdad?"* o *"¿no?"* al final de la frase. Esas expresiones se usan independientemente del tiempo verbal en que se hable (presente, pasado, futuro). En inglés se denominan "tag questions" y se forman de manera diferente, según el verbo de la frase, pero todas presentan la misma estructura: es una pregunta formada por un auxiliar (to be, do, does, did, can, could, etc) y un pronombre personal (I, you, he...), que se coloca al final de la oración.

1) Si en la frase hay un auxiliar, lo utilizamos para la "tag question" junto al pronombre correspondiente. Si la frase es afirmativa, el auxiliar se usa de forma negativa en la "tag question" y viceversa.

<u>You</u> **are** from Mexico, **aren't** <u>you</u>?
Tú eres de México, ¿verdad?
  <u>He</u> **isn't** rich, **is** <u>he</u>?
  Él no es rico, ¿verdad?
<u>Your mother</u> **is** hot, **isn't** she?
Tu madre tiene calor, ¿verdad?
  <u>They</u> **are** taking out some money, **aren't** <u>they</u>?
  Ellos están sacando dinero, ¿no?
<u>It</u> **is** raining, **isn't** <u>it</u>?
Está lloviendo, ¿verdad?
  <u>She</u> **isn't** asking for a loan, **is** <u>she</u>?
  Ella no está pidiendo un préstamo, ¿verdad?
<u>You</u> **aren't** working now, **are** <u>you</u>?
Tú no estás trabajando ahora, ¿verdad?

Cuando el sujeto de la frase es "I", el auxiliar es "to be" (am) y la frase es afirmativa, en la "tag question" no usamos "am not I?", sino "aren't I?":

  <u>I</u> **am** your teacher, **aren't** <u>I</u>?   *Yo soy vuestro profesor, ¿verdad?*

Como ya conocemos otros auxiliares:

> She **was** a good student, **wasn't** she?
> *Ella era una buena estudiante, ¿verdad?*
> They **weren't** at school yesterday, **were** they?
> *Ellos no estuvieron en la escuela ayer, ¿verdad?*
> We **can** play baseball, **can't** we?
> *Podemos jugar al béisbol, ¿verdad?*
> He **can't** drive, **can** he?
> *Él no sabe manejar, ¿verdad?*

2) Si en la frase no hay verbo auxiliar, para la "tag question" usaremos "do-does/don't-doesn't" si la frase está en presente, y "did/didn't" si está en pasado.

> You **work** as an accountant, **don't** you?
> *Trabajas como contador, ¿verdad?*
> They **don't** live in California, **do** they?
> *Ellos no viven en California, ¿verdad?*
> She **doesn't waste** her money, **does** she?
> *Ella no malgasta su dinero, ¿verdad?*
> His father **drives** very fast, **doesn't** he?
> *Su padre maneja muy rápido, ¿verdad?*
> You **didn't** go to the gym, **did** you?
> *No fuiste al gimnasio, ¿verdad?*
> We **bought** some sugar, **didn't** we?
> *Compramos azúcar, ¿verdad?*

b) USO DE "STILL" Y "YET" (TODAVÍA)

Los adverbios **"still"** y **"yet"** significan "todavía", pero su uso y posición en la frase es diferente.

"Still" se utiliza en frases afirmativas y en preguntas.

1) Se coloca después del verbo "to be"(u otro auxiliar) en las frases afirmativas:

> I'm **still** watching TV.
> *Todavía estoy viendo la televisión.*
> She's **still** ill.
> *Ella está enferma todavía.*
> We are **still** playing chess.
> *Todavía estamos jugando al ajedrez.*

En las preguntas sólo cambia el orden de "to be" y el sujeto:

Are you **still** here?	*¿Todavía está aquí?*
Is he **still** waiting for you?	*¿Todavía te está esperando él?*

2) Se coloca delante de cualquier otro verbo no auxiliar, tanto en frases afirmativas como en preguntas:

I **still** go to the gym.
Todavía voy al gimnasio.
She **still** has some savings.
Ella todavía tiene algunos ahorros.
Do you **still** work for Hoffmann Ltd.?
¿Todavía trabajas para Hoffmann Ltd.?
Does he **still** smoke?
¿Todavía fuma él?

"Yet" se utiliza en frases negativas y siempre se coloca al final de las mismas.

I am not having lunch **yet**.
Todavía no estoy almorzando.
They don't have a car **yet**.
Todavía no tienen auto.
He doesn't work **yet**.
Todavía él no trabaja.

c) EXPRESIONES PARA ENUMERAR U ORDENAR ACCIONES

Cuando se está contando o escribiendo alguna situación donde tienen lugar varias acciones, para seguir un orden o enumeración se utilizan las siguientes expresiones:

First	*primero, en primer lugar*
Then	*luego, después*
After that	*luego, después, después de eso*
Later	*más tarde, posteriormente, después*
Finally	*finalmente, por último*

First I got up, **then** I took a shower,
after that I had breakfast and, **finally**,
I took the children to school.
Primero me levanté, luego tomé una ducha,
después de eso desayuné y, finalmente,
llevé a los niños a la escuela.

When she gets home in the evening,
first she has dinner and **then** she watches TV.
Cuando ella llega a casa por la noche,
primero cena y luego ve la TV.

Un error habitual es utilizar **"after"** como *"después"*, cuando en realidad significa *"después de"*, por lo que necesita que le siga un sustantivo:

We went for a walk **after** <u>the meal</u>.
Fuimos a dar un paseo después de la comida.

Como hemos visto en esta unidad, *"después"* equivale a "later" o "then".

We have to study now. We can watch TV **later**.
Tenemos que estudiar ahora. Podemos ver la televisión después.

EJERCICIOS:

1.- Añadir la "tag question".

a) She doesn't like cats, ...?
b) You didn't tell him, ...?
c) They were dancing at the disco, ...?
d) Your father can speak English, ...?
e) She is very intelligent, ...?

2.- Rellena los espacios que lo precisen con "still" o "yet".

a) Does he ....work for that company...............?
b) Are they ....watching TV...................?
c) I ....don't have to do the shopping ....
d) We ....are ....living in California.............
e) Your sister ....is not here................

3.- Ordena la secuencia de frases y únelas con: "first", "then", "after that" y "finally".

She left her purse on a chair. She went to bed.
She took a shower. She got home.

UNIDAD

23

EN ESTA UNIDAD
ESTUDIAREMOS:

LET'S SPEAK ENGLISH:

A) EL CORREO
ELECTRÓNICO.

B) EL VERBO
"ESPERAR".

C) VOCABULARIO:
EN EL APARTAMENTO.

D) FORMAS
Y MATERIALES.

GRAMÁTICA FÁCIL:

A) EL CASO GENITIVO.

B) PREPOSICIONES
DE LUGAR (IN, ON, AT).

SITUACIÓN: Janet está buscando equipar su casa. Habla con Gary, un vendedor, sobre distintos muebles, materiales, etc.

Janet: Hello! I need to buy some equipment and furniture for my new house. Can you help me?

Gary: Certainly. What exactly are you looking for?

Janet: Well, first I need a **wardrobe** for the **bedroom**.

Gary: How about this one? It's made of **wood** but has **metallic** handles. It's very nice.

Janet: Hmm, I'm not sure. I'd prefer a **rectangular shape**.

Gary: How about this one then? It's wooden, but it has glass doors.

Janet: Yes, I like it. It's very modern. It is good for my son's **bedroom**. He can keep all his books and toys **in** it.

Gary: What else do you need?

Janet: I also need an **oven** for the **kitchen**.

Gary: This one is very good. It's made of **steel** and it has a **square shape**.

Janet: Yes, it's nice. I'll take it.

Gary: Anything

else?

Janet: Yes. A **washbasin** for the **bathroom**.

Gary: This one is very modern. It's **round** and made of **glass**.

Janet: Yes, it's very practical. We can put the **soap** and all our **toothbrushes on** it.

Gary: Is that all? Do you want us to deliver it to your house?

Janet: Yes, please. **I'll wait** at home tomorrow morning.

Gary: That's fine. Can you give me your **e-mail address** so we can send the bill?

Janet: Yes, it's janet.smith@ sunmail.com.

Gary: Ok. We'll deliver the furniture at about 10am.

Janet: I'll be **expecting** you. I **hope** it'll arrive on time. Bye!

DIÁLOGO 23:

Janet: ¡Hola! Necesito equipamiento y muebles para mi nueva casa. ¿Puede ayudarme?

Gary: Por supuesto. ¿Qué está buscando, exactamente?

Janet: Bueno, primero necesito un **armario** para el **dormitorio**.

Gary: ¿Qué le parece éste? Está hecho de **madera** pero tiene tiradores **metálicos**. Es muy bonito.

Janet: Hmm. No estoy segura. Preferiría una **forma rectangular**.

Gary: ¿Qué tal éste, entonces? Es de **madera**, pero tiene puertas de **vidrio**.

Janet: Sí, me gusta. Es muy moderno. Está bien para el **dormitorio** de mi hijo. Puede guardar todos sus libros y juguetes **en** él.

Gary: ¿Qué más necesita?

Janet: También necesito un **horno** para la **cocina**.

Gary: Éste es muy bueno. Está hecho de **acero** y tiene **forma cuadrada**.

Janet: Sí, es bonito. Me lo llevo.

Gary: ¿Algo más?

Janet: Sí. Un **lavabo** para el **baño**.

Gary: Éste es muy moderno. Es **redondo** y está hecho de cristal.

Janet: Sí, es muy práctico. Ahí podemos poner el **jabón** y todos nuestros **cepillos de dientes**.

Gary: ¿Es todo? ¿Quiere que se lo llevemos a su casa?

Janet: Sí, por favor. **Esperaré** en casa mañana por la mañana.

Gary: Está bien. ¿Puede darme su **dirección de correo electrónico** para poder enviarle la factura?

Janet: Sí, es janet.smith@sunmail.com.

Gary: De acuerdo. Le llevaremos los muebles alrededor de las diez de la mañana.

Janet: Estaré **esperándoles**. **Espero** que lleguen puntualmente. ¡Adiós!

Mis palabras clave

....

....

....

....

LET'S SPEAK ENGLISH

a) EL CORREO ELECTRÓNICO – E-MAILING

Para dar o leer una dirección de correo electrónico decimos:

tollin_bis@englishmail.com

léase: tollin **underscore** bis **at** englishmail **dot** com

at ──────────▶ *"@"*
dot ──────────▶ *"punto"*
underscore ──────▶ *"guión bajo"*

b) EL VERBO "ESPERAR"

El verbo "esperar" se puede decir de diferentes maneras, según la situación en la que lo usemos. Así:

Wait (for something or somebody) ──────▶ *esperar físicamente (algo o a alguien)*

Si al verbo "wait" le sigue algo o alguien, se necesita la preposicion "for".

I'm **waiting for** my mother.
Estoy esperando a mi madre.

Who are you **waiting for**?
¿A quién estás esperando?

She's **waiting for** the bus.
Ella está esperando el autobús.

Expect ⟶ *esperar (con evidencia de que algo va a ocurrir)*

Se usa cuando <u>pensamos</u> que algo va a ocurrir porque hay motivos para que ocurra.

I **expect** to finish my work next week.
Espero acabar mi trabajo la próxima semana. (Ya lo tengo avanzado)

She **is expecting** a baby.
Ella está esperando un bebé.

Hope ⟶ *esperar (sin evidencia de que algo va a ocurrir)*

Se usa cuando <u>queremos</u> que algo ocurra o haya ocurrido.

I **hope** to win the lottery.
Espero ganar la lotería.

I **hope** you enjoyed the party.
Espero que te divirtieras en la fiesta.

I **hope** it will rain soon.
Espero que llueva pronto.

c) VOCABULARIO: EN EL APARTAMENTO – IN THE APARTMENT

In the kitchen	En la cocina
cooker	*cocina (fogones)*
freezer	*congelador*
fridge	*refrigerador*
garbage can	*cubo de la basura*
spoon	*cuchara*
fork	*tenedor*
knife	*cuchillo*
sink	*fregadero*
oven	*horno*
microwave oven	*horno microondas*
washing machine	*lavadora*
dishwasher	*lavavajillas*
dish	*plato*
cup	*taza, copa*
glass	*vaso*

In the bedroom	En el dormitorio
bed	*cama*
pillow	*almohada*

sheet	*sábana*
blanket	*manta*
mattress	*colchón*
closet, wardrobe	*armario*
curtain	*cortina*
bedside table	*mesita de noche*
alarm clock	*despertador*

In the bathroom — *En el baño*

bath mat	*alfombrilla*
bathroom cabinet	*armario de baño*
bath	*bañera*
toilet	*inodoro*
toothbrush	*cepillo de dientes*
toothpaste	*pasta de dientes*
hair brush	*cepillo de pelo*
comb	*peine*
toilet paper	*papel higiénico*
towel	*toalla*
mirror	*espejo*
soap	*jabón*
washbasin, sink	*lavabo, lavamanos*

d) FORMAS Y MATERIALES – SHAPES AND MATERIALS

Según su forma, las cosas pueden ser:

round	*redondo/a*
square	*cuadrado/a*
rectangular	*rectangular*

Y en cuanto a materiales:

metal	*metal*	**metallic**	*metálico*
iron	*hierro*		
steel	*acero*		
wood	*madera*	**wooden**	*de madera*
glass	*vidrio*		
plastic	*plástico*		

I bought a nice **round, wooden** table.
Compré una bonita mesa redonda de madera.

She's got a **square, plastic** purse.
Ella tiene un bolso de plástico cuadrado.

GRAMÁTICA FÁCIL

a) EL CASO GENITIVO

Hay diversas maneras de expresar posesión en inglés. Una de ellas, como ya aprendimos, es usando los adjetivos posesivos:

My brother is Tom.	*Mi hermano es Tom.*
Her kitchen is really big.	*Su cocina (de ella) es realmente grande.*
I don't like **your** negative attitude.	*No me gusta tu actitud negativa.*
What are **their** names?	*¿Cómo se llaman ellos?*
His car is the blue one.	*Su auto es el azul.*

A continuación vamos a tratar el **caso genitivo**, que es otra manera de expresar posesión. Se utiliza cuando en la frase aparecen tanto el poseedor (que ha de ser una persona o, a veces, un animal) como aquello que se posee. El orden habitual al expresarlos en español es: primero, la posesión, le sigue la preposición "de" y, finalmente, el poseedor:

En inglés se forma al revés: primero se coloca el poseedor, a éste se le añade un apóstrofo y una "s" y después, aquello que se posee.

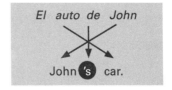

El auto de John

John 's car.

• Si la posesión va precedida de un artículo determinado (el, la, los, las), éste desaparece en inglés.

<u>El</u> perro de Mike ⟶ Mike's dog.
<u>La</u> casa de Susana es grande ⟶ Susan's house is big.

Linda's book is interesting.	*El libro de Linda es interesante.*
She doesn't like **Peter's work**.	*A ella no le gusta el trabajo de Peter.*
My brother's name is Tom.	*El nombre de mi hermano es Tom.*
Her father's sister is her aunt.	*La hermana de su padre es su tía.*

• Cuando el poseedor acaba en "s" por ser un nombre plural, sólo se agrega el apóstrofo:

Your parents' bedroom is very small.   *El dormitorio de tus padres es muy pequeño.*

This is **his friends' classroom.** *Esta es la clase de sus amigos.*

• Cuando el nombre del poseedor termina en "s", se le puede añadir apóstrofo y "s" o sólo el apóstrofo, pero la pronunciación varía.

Dennis**'s** dog.   *(se pronuncia "dénisiz")*
Dennis**'** dog.   *(se pronuncia "dénis")*

• El caso genitivo también se utiliza cuando "el poseedor" es un adverbio de tiempo:

Today's newspaper.   *El periódico de hoy.*

b) PREPOSICIONES DE LUGAR (IN, ON, AT)

In, **on** y **at** equivalen a "en", pero se usan en situaciones diferentes:

IN significa "dentro" de un lugar o espacio limitado:

in a car	*en un auto*	**in a line**	*en una cola*
in a shop	*en una tienda*	**in the street**	*en la calle*
in a park	*en un parque*	**in an armchair**	*en un sillón*
in the water	*en el agua*	**in bed**	*en la cama*
in the sea	*en el mar*	**in the corner**	*en el rincón*
in the newspaper	*en el periódico*	**in the house**	*en la casa*

My father's **in** the kitchen.   *Mi padre está en la cocina.*
They live **in** Canada.   *Ellos viven en Canadá.*
The gift is **in** a box.   *El regalo está en una caja.*

ON significa "sobre" una superficie, con la que se tiene contacto.

My glasses are **on** the table.   *Mis gafas están en la mesa.*
The pictures are **on** the walls. *Los cuadros están en las paredes.*
            The children are playing **on** the floor.
            Los niños están jugando en el piso.

También:

on a bus	*en un autobús*	**on Oak Street**	*en la calle Oak*
on a train	*en un tren*	**on the first floor**	*en el primer piso*
on a plane	*en un avión*	**on the coast**	*en la costa*
on the corner	*en la esquina*	**on a chair**	*en una silla*

Y en expresiones:

            on the radio → *en la radio*
            on television (on TV) → *en televisión*
            on the right/left → *a la derecha/izquierda*

Ya apreciamos algunas diferencias entre "in" y "on":

- Tratándose de autos usaremos "in" (in a car, in a taxi).
- Con otros medios de transporte, "on" (on a bus, on a plane).
- Con la palabra "armchair" usamos "in", pero con "chair" usamos "on".

- Si nos referimos a un rincón (por dentro) utilizamos "in", pero si es una esquina (por fuera), usamos "on".
- Al hablar de la calle, en general, decimos "in" (in the street), pero con nombres de calles, "on" (on Oak street).

AT significa "en" al referirnos a un punto, a un lugar determinado.

There's a man **at** the door.	Hay un hombre en la puerta.
He is waiting for me **at** the station.	Él me está esperando en la estación.
Are there many people **at** the bus stop?	¿Hay mucha gente en la parada del autobús?

También:

at the gas station: en la gasolinera	**at the meeting:** en la reunión
at the airport: en el aeropuerto	**at the concert:** en el concierto
at the traffic lights: en el semáforo	**at the end of the street:** al final de la calle
at home: en casa	**at the bottom of the page:** al final de la página
at work: en el trabajo	**at the front:** en la parte de adelante
at school: en la escuela	**at the back:** en la parte de atrás

En algunos casos, la diferencia entre "in" y "at" es que el primero se refiere al "interior de un recinto" y el segundo a la "actividad propia que se realiza en un recinto":

The accident happened **in the school**.	El accidente ocurrió en la escuela.
The children are **at school**.	Los niños están en la escuela. (Aprendiendo)

EJERCICIOS:

1.- ¿Qué no podemos hacer con un "brush"?
a) tidy your hair
b) clean the floor
c) wash your body
d) clean your teeth

2.- Nunca te encuentras "in":
a) a train
b) a car
c) a plane
d) a bus

3.- Une estas frases usando el caso genitivo.

a) Peter has a cat.
The cat is brown and white. ....

b) My mother has got some friends.
They are American.

....

c) Your brother has got a cousin.
She's your cousin, too.

....

d) Your brothers have got children. They are your nieces and nephews.

....

e) Charles has a problem. It is very serious.

....

4.- Completa los espacios con las preposiciones "in", "on" y "at".
a) How many people can you see .... the photo?
b) The bank is ....the corner. It isn't far from here.
c) Have you heard the news ....the radio?
d) He's waiting for us .... the airport.
e) She's ....bed. She doesn't feel well.

UNIDAD

24

EN ESTA UNIDAD ESTUDIAREMOS:

SITUACIÓN: Dave es un chico desordenado y poco cuidadoso. Alison y Ben, sus padres, se están quejando de su comportamiento.

LET'S SPEAK ENGLISH:

A) EXPRESIONES SOBRE "EL ORDEN" EN CASA.

B) VOCABULARIO: LAS TAREAS DOMÉSTICAS.

GRAMÁTICA FÁCIL:

A) PRONOMBRES POSESIVOS.

B) EL INTERROGATIVO "WHOSE?" (¿DE QUIÉN?).

C) "TAMBIÉN" Y "TAMPOCO".

Alison: Dave's bedroom is a complete **mess** again! He's very **messy**!

Ben: Yes. He never **cleans** it **up**.

Alison: He never does anything!

Ben: He left the bathroom **dirty** again. His sister is very **clean** and **tidy**. She never **makes a mess**.

Alison: And **whose** is this sock on the floor in the living room?

Ben: It's his, as well.

Alison: I don't know what to do with him.

Ben: Neither do I.

Alison: I think he has to do all the chores for a week and

learn not to **make a mess**.

Ben: Ok. He could **wash the dishes**...

Alison: Vacuum the floor...

Ben: Take the garbage out...

Alison: Iron the clothes...

Ben: Do the washing...

Alison: But I prefer to **make the meals** myself.

Ben: So do I.

Alison: He can **make his bed too**. It's his, not **mine**.

Ben: Yes. He's 16 now and he needs to learn to **tidy up**.

Alison: You're right. We'll tell him when he gets home.

DIÁLOGO 24:

Alison: ¡El dormitorio de Dave es un lío otra vez! ¡Es muy **desordenado**!

Ben: Sí. Nunca **limpia**.

Alison: ¡Nunca hace nada!

Ben: Dejó el baño **sucio** otra vez. Su hermana es muy **limpia** y **ordenada**. Nunca desordena nada.

Alison: ¿Y **de quién** es este calcetín que hay en el piso del salón?

Ben: Es suyo, también.

Alison: No sé qué hacer con él.

Ben: Yo, **tampoco**.

Alison: Creo que él tiene hacer todas las **tareas** durante una semana y aprender a no **desordenar**.

Ben: De acuerdo. Él podría **lavar los platos...**

Alison: Pasar la aspiradora...

Ben: Sacar la basura...

Alison: Planchar la ropa...

Ben: Hacer la colada...

Alison: Pero yo prefiero **hacer la comida.**

Ben: Yo, **también**.

Alison: Puede **hacer su cama**, **también**. Es **suya**, no **mía**.

Ben: Sí. Ahora tiene 16 años y necesita aprender a **ordenar**.

Alison: Tienes razón. Se lo diremos cuando llegue a casa.

Mis palabras clave

....

....

....

....

LET'S SPEAK ENGLISH

a) EXPRESIONES SOBRE "EL ORDEN" EN CASA

• Al referirnos al orden o desorden en casa o en cualquier otro lugar, podemos utilizar la siguiente serie de expresiones, adjetivos y verbos. Sobre el desorden vamos a usar la palabra "mess" (lío, desorden).

To **make a mess**: *desordenar*

What a **mess**!	*¡Qué lío! ¡Qué desorden!*
This room is (in) a **mess**.	*Esta habitación está desordenada.*
I don't like this **mess**.	*No me gusta este desorden.*
They are making a **mess** in their bedroom.	*Ellos están desordenando su dormitorio.*

• También podemos usar los siguientes adjetivos:

clean	*limpio/a*	**dirty**	*sucio/a*
tidy	*ordenado/a*	**untidy**	*desordenado/a*

This room was **dirty** before. Now it's clean.
Esta habitación estaba sucia antes. Ahora está limpia.

Charles is a very **untidy** boy.
Charles es un chico muy desordenado.

• Así mismo encontramos los verbos:

to clean (up): *limpiar*
to tidy (up): *ordenar*
to straighten up: *ordenar*

Let's **clean (up)** this room.   *Limpiemos esta habitación.*
You have to **tidy up** your bedroom. It's in a mess.
Tienes que ordenar tu habitación. Está revuelta.
He left the office in a mess and we had to **straighten** it **up**.
Dejó la oficina desordenada y tuvimos que limpiarla.

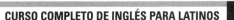

b) VOCABULARIO: LAS TAREAS DOMÉSTICAS – THE HOUSEWORK

Además de los anteriores, veamos algunos verbos relacionados con tareas domésticas:

housework, household chores	tareas domésticas
to make the meal	*hacer la comida*
to wash the dishes	*lavar los platos*
to sweep the floor	*barrer el piso*
to mop the floor	*fregar el piso*
to pick up the clothes	*recoger la ropa*
to hang up the clothes	*colgar la ropa*
to make the bed	*hacer la cama*
to dust the furniture	*quitar el polvo a los muebles*
to vacuum the floor	*pasar la aspiradora al piso*
to iron the clothes	*planchar la ropa*
to take the garbage out	*sacar la basura*

Al referirnos a las actividades, muchas de ellas se expresan con el verbo "to do":

to do	**the cleaning**	*hacer la limpieza*
	the washing	*hacer la colada, lavar la ropa*
	the washing-up	*lavar los platos*
	the shopping	*hacer las compras*
	the ironing	*planchar*
	the vacuuming	*pasar la aspiradora*

My mother **makes the meal** but I have to **wash the dishes**.
Mi madre hace la comida pero yo tengo que lavar los platos.

I **make my bed** and **straighten up my bedroom** before leaving home.
Yo hago mi cama y ordeno mi dormitorio antes de salir de casa.

On Saturdays we have time to **do the cleaning** at home.
Los sábados tenemos tiempo de hacer la limpieza en casa.

Can you **take the garbage out**, please?
¿Puedes sacar la basura, por favor?

She hates **ironing**.
Ella odia planchar.

GRAMÁTICA FÁCIL

a) PRONOMBRES POSESIVOS

Los pronombres posesivos se usan para sustituir al adjetivo posesivo y al nombre al que éste acompaña.

Adj. posesivos	Pronombres posesivos	
my ⟶	**mine**	(el/la) mío, mía, (los/las) míos, mías
your ⟶	**yours**	(el/la) tuyo, tuya, (los/las) tuyos, tuyas (el/la) suyo, suya,(los/las) suyos, suyas (de usted)
his ⟶	**his**	(el/la) suyo, suya, (los/las) suyos, suyas
her ⟶	**hers**	(el/la) suyo, suya, (los/las) suyos, suyas
its ⟶	**its**	(el/la) suyo, suya, (los/las) suyos, suyas
our ⟶	**ours**	(el/la) nuestro, nuestra, (los/las) nuestros, nuestras
your ⟶	**yours**	(el/la) suyo, suya, (los/las) suyos, suyas
their ⟶	**theirs**	(el/la) suyo, suya, (los/las) suyos, suyas

Vemos que excepto "mine", el resto de pronombres posesivos tienen la misma forma que los adjetivos posesivos, añadiéndoles una "s", salvo los casos que ya acaban en "s" (his, its), que son iguales.

Al tratarse de pronombres, sustituyen a los nombres (no los acompañan).

My car is black. **Mine** is black.
Mi auto es negro. El mío es negro.

This is your house. This house is **yours**.
Ésta es tu casa. Esta casa es tuya.

That is his book. That book is **his**.
Ése es su libro (de él). Ese libro es suyo.

It is her toy. It's **hers**.
Es su juguete (de ella). Es suyo.

They are our pictures. They are **ours**.
Son nuestros cuadros. Son nuestros.

These are <u>your shoes</u>. They are **yours**.	*Estos son sus zapatos (de ustedes).*
	Son suyos (de ustedes).
It's <u>their computer</u>. It's **theirs**.	*Es su computadora (de ellos).*
	Es suya.

b) EL INTERROGATIVO "WHOSE?" (¿DE QUIÉN?)

El pronombre interrogativo **"whose?"** implica posesión y significa *"¿de quién?"*. Las preguntas las podemos realizar de diversas maneras:

Whose + "to be" en singular + nombre singular o pronombre singular?

Whose is this shirt?	*¿De quién es esta camisa?*
Whose is it?	*¿De quién es?*

Whose + verbo "to be" en plural + nombre plural o pronombre plural?

Whose are those documents?	*¿De quién son esos documentos?*
Whose are they?	*¿De quién son?*

Whose + nombre singular + verbo "to be" en singular?

Whose ring is this?	*¿De quién es este anillo?*
Whose dog is that?	*¿De quién es ese perro?*

Whose + nombre plural + verbo "to be" en plural?

Whose books are these?	*¿De quién son estos libros?*
Whose cards are those?	*¿De quién son esas tarjetas?*

A estas preguntas se les suele responder:

i) Con un pronombre posesivo:

> **Whose** is this shirt? It's **mine**.
> *¿De quién es esta camisa? Es mía.*
> **Whose** are those documents? They're **hers**.
> *¿De quién son esos documentos? Son suyos (de ella).*
> **Whose** ring is this? It's **his**.
> *¿De quién es este anillo? Es suyo (de él).*
> **Whose** books are these? They're **ours**.
> *¿De quién son estos libros? Son nuestros.*

ii) Con el caso genitivo. Para ello, en la respuesta no se suele usar el objeto junto al poseedor:

> **Whose** is this dog? It's **Tom's** (dog).
> *¿De quién es este perro? Es de Tom.*
> **Whose** cards are those? They're **Sarah's** (cards).
> *¿De quién son estas tarjetas? Son de Sarah.*

c) "TAMBIÉN" Y "TAMPOCO"

Ya conocemos algunas formas de decir "también" (also, too, as well).

En esta ocasión nos centraremos en **"too"**. Sabemos que aparece en frases afirmativas, al final de las mismas.

- I like English.	- *Me gusta el inglés.*
- I like English, **too**.	- *Me gusta el inglés, también.*
- She washed the dishes.	- *Ella lavó los platos.*
- I washed the dishes, **too**.	- *Yo también lavé los platos.*

Si la frase es negativa, al final de la frase usaremos **"either"** *(tampoco)*.

- I don't get up early.	- *No me levanto temprano.*
- I don't get up early, **either**.	- *No me levanto temprano, tampoco.*
- He isn't tall.	- *Él no es alto.*
- I am not tall, **either**.	- *Yo tampoco soy alto.*

Si no queremos repetir toda la frase, podemos usar sólo el sujeto, el auxiliar (verbo "to be", do/does/did, can...) y "too" o "either".

He is angry.	*Él está enfadado.*
She is, **too**.	*Ella, también.*
I like doing the cleaning.	*Me gusta hacer la limpieza.*
I do, **too**.	*A mí, también.*
She traveled to Europe.	*Ella viajó a Europa.*
I did, **too**.	*Yo, también.*
They aren't enjoying the party.	*Ellos no están disfrutando la fiesta.*
We aren't, **either**.	*Nosotros, tampoco.*
She doesn't go to work by bus.	*Ella no va al trabajo en autobús.*
I don't, **either**.	*Yo, tampoco.*
I didn't study for the test.	*No estudié para el examen.*
I didn't, **either**.	*Yo, tampoco.*

Otras formas de expresar "también" y "tampoco".

- Una forma corta es: **Me, too** *yo, también*
  Me, neither *yo, tampoco*

- I speak English.	- *Yo hablo inglés.*
- **Me**, too.	- *Yo, también.*
- I don't like chocolate.	- *No me gusta el chocolate.*
- **Me, neither**.	- *A mí, tampoco.*

- Otra manera más elaborada es:

So + auxiliar + sujeto ⟶ sujeto + también
Neither + auxiliar + sujeto ⟶ sujeto + tampoco

- I <u>am</u> Spanish.	*Soy español.*
- **So am I**.	*Yo, también.*

- She <u>can</u> play the piano.	- *Ella sabe tocar el piano.*
- **So can I.**	- *Yo, también.*
- They <u>like</u> tennis.	- *A ellos les gusta el tenis.*
- **So do we.**	- *A nosotros, también.*
- I <u>ate</u> fish yesterday.	- *Comí pescado ayer.*
- **So did I.**	- *Yo, también.*
- I <u>am</u> not studying Russian.	- *Yo no estoy estudiando ruso.*
- **Neither am I.**	- *Yo, tampoco.*
- He <u>wasn't</u> a doctor.	- *Él no era médico.*
- **Neither was his colleague**.	- *Su compañero, tampoco.*
- I <u>don't</u> live in Brazil.	- *Yo no vivo en Brasil.*
- **Neither do I**.	- *Yo, tampoco.*
- She <u>didn't</u> steal the watch.	- *Ella no robó el reloj.*
- **Neither did I**.	- *Yo, tampoco.*

EJERCICIOS:

1.- Encuentra cinco verbos relacionados con tareas domésticas en la sopa de letras.

N	S	W	E	E	P
O	E	A	W	H	O
R	T	S	V	C	M
I	W	H	S	A	T
M	U	U	C	A	V

2.- Sustituye las palabras en cursiva por pronombres posesivos.

a) It's *their house*.
It's ....
b) *Our exam* was more difficult.
.... was more difficult.
c) It's *John's dog*.
It's ....
d) This is *my wallet*.
This is ....
e) Where is *your umbrella*?
Where is ....

3.- Ordena las palabras para formar frases correctas.

a) car this is whose ? mine it's.
b) these keys are whose ? his they're.
c) computer whose is that ? Mary's it's.
d) whose this was camera? Peter's was it.
e) ours nicer is than apartment your.

4.- Une las frases correctamente.

a) I can't play the violin.
b) She went to the movies yesterday.
c) We were tired.
d) They can speak three languages.
e) I don't like getting up early.

1) So can I.
2) Neither do I.
3) I did, too.
4) So were my parents
5) I can't, either.

UNIDAD

25

EN ESTA UNIDAD ESTUDIAREMOS:

LET'S SPEAK ENGLISH:

A) VERBOS Y EXPRESIONES ACERCA DEL ASPECTO DE ALGUIEN.

B) EXPRESAR SUGERENCIAS.

GRAMÁTICA FÁCIL:

A) EL FUTURO (WILL, GOING TO).

B) EXPRESIONES CON "BOTH", "EITHER" Y "NEITHER".

SITUACIÓN: Greg tiene una preocupación que comparte con Rose. Ella trata de animarlo.

Rose: Hi Greg! You **look sad. What's the matter?**

Greg: Hi, Rose. **I'm worried about** my daughter, Julie.

Rose: What's wrong with her?

Greg: She**'s going to** start university next week and she isn't very happy.

Rose: Why not?

Greg: She doesn't want to make new friends, and she**'s worried about** the classes.

Rose: But that's normal. Everybody feels like that when they go to university. Don't you remember?

Greg: Mmm... yeah, but **both** her mother **and** I **are** really **worried about** her.

Rose: Why don't you talk to her about it? Tell her about your experience and that everything **will be** alright.

Greg: But she **won't** listen. **Neither** we **nor** her friends can change her mind. She's saying she doesn't want to go to

university now.

Rose: I have a neighbor who is going to the same university. **Why don't you** meet her? It**'ll be** good for Julie.

Greg: That's a good idea.

Rose: You**'ll see.** She**'ll be** fine there.

Greg: I know, but she **won't believe** me!

Rose: Well, with all the parties and her studies, she**'ll** soon **forget** that she was worried.

Greg: I'm sure you're right. **I'm going to talk** with her tonight.

Rose: I hope it goes well!

Greg: Thanks for your help, Rose.

Rose: No problem, Greg. Bye!

Greg: See you soon!

DIÁLOGO 25:

Rose: ¡Hola, Greg! **Pareces triste**. **¿Qué sucede?**

Greg: Hola, Rose. **Estoy preocupado** por mi hija, Julie.

Rose: **¿Qué le sucede?**

Greg: **Va a** comenzar la universidad la semana próxima y no está muy contenta.

Rose: ¿Por qué no?

Greg: Ella no quiere hacer nuevos amigos y **está preocupada** por las clases.

Rose: Pero eso es normal. Todo el mundo **se siente** así cuando va a la universidad. ¿No te acuerdas?

Greg: Mmm...sí, pero **tanto** su madre **como** yo **estamos** realmente **preocupados por** ella.

Rose: **¿Por qué no** hablas con ella de esto? Cuéntale tu experiencia y que todo **irá** bien.

Greg: Pero ella **no** escuchará. **Ni** nosotros **ni** sus amigos podemos hacer que cambie de opinión. Dice que ahora no quiere ir a la universidad.

Rose: Tengo una vecina que va a la misma universidad. **¿Por qué no** la conocéis? **Será** bueno para Julie.

Greg: ¡Es una buena idea!

Rose: **Verás**. Ella **estará** bien allí.

Greg: Lo sé, pero ella no me **creerá**.

Rose: Bueno, con todas las fiestas y sus estudios, pronto **olvidará** que estaba preocupada.

Greg: Estoy seguro de que tienes razón. Voy **a hablar** con ella esta noche.

Rose: ¡Espero que vaya bien!

Greg: Gracias por tu ayuda, Rose.

Rose: De nada, Greg. ¡Adiós!

Greg: Hasta pronto.

Mis palabras clave

....

....

....

....

LET'S SPEAK ENGLISH

a) VERBOS Y EXPRESIONES ACERCA DEL ASPECTO DE ALGUIEN

Cuando nos referimos al aspecto que alguien muestra o a cómo se puede sentir usamos los verbos:

To be: *ser, estar*	→ You are bored.	*Estás aburrido.*
To look: *parecer*	→ He looks happy.	*Parece feliz.*
To seem: *parecer*	→ They seem sad.	*Parecen tristes.*
To feel: *sentir(se)*	→ I feel tired.	*Me siento cansado.*

• Para preguntar si hay algún problema:

What's wrong?	*¿Qué pasa?*
What's wrong with you?	*¿Qué te sucede?*
What's the matter?	*¿Qué sucede?*
What's the matter with him?	*¿Qué le sucede a él?*
Is anything wrong?	*¿Sucede algo malo?*
Is anything wrong with you?	*¿Te sucede algo malo?*

Estas expresiones se usan a sabiendas de que ocurre algo malo, o, al menos, se supone.

> **What's wrong with her?** She looks sad.
> *¿Qué le ocurre a ella? Parece triste.*

> John, you seem worried. **What's the matter?**
> *John, pareces preocupado. ¿Qué sucede?*

• Cuando se expresa preocupación se hace por medio del adjetivo "worried":

She is **worried**.	*Ella está preocupada.*
They look **worried**.	*Parecen preocupados.*

• Se puede estar preocupado por algo o por alguien. Entonces se usa **"about"**:

I'm **worried about** <u>you</u>.   *Estoy preocupado por ti.*
She's **worried about** <u>her finances</u>.   *Ella está preocupada por sus finanzas.*

• Si a "about" le sigue un verbo, éste ha de ir en gerundio (infinitivo + ing).

He's **worried about** <u>failing</u> the exam.
Él está preocupado por suspender el exámen.

I'm **worried about** <u>losing</u> my job.
Estoy preocupado por perder mi trabajo.

• Un sinónimo de "worried" lo encontramos en el adjetivo **"concerned"**.

She's **concerned** about her son.   *Ella está preocupada por su hijo.*

b) EXPRESAR SUGERENCIAS

Para expresar sugerencias ya conocemos algunas estructuras:

Let's + **infinitivo**:

Let's go to the movies.   *Vayamos al cine.*
Let's open a current account.   *Abramos una cuenta corriente.*

How about + **gerundio**:

How about buying a new car?
¿Qué tal si compramos un auto nuevo?
How about dusting the furniture?
¿Qué tal si quitamos el polvo de los muebles?

A continuación vamos a aprender algunas más:

• La expresión **"how about?"** tiene un sinónimo en **"what about?"**.
  "What about?" puede ir seguido:

i) De un nombre
What about a <u>game</u>?   *¿Qué tal (si jugamos) una partida?*

ii) De un verbo en gerundio:
What about <u>doing</u> the shopping?   *¿Qué tal si hacemos la compra?*

• También se pueden realizar sugerencias por medio de **"why don't....?"** (*¿por qué no...?*).

Why don't you see a doctor? *¿Por qué no vas ver a un médico?*
Why don't we go to the theater tonight?
¿Por qué no vamos al teatro esta noche?
Why don't we relax for a while? *¿Por qué no nos relajamos un rato?*

GRAMÁTICA FÁCIL

a) EL FUTURO (WILL, GOING TO)

En inglés existen distintas formas de futuro: will, be going to, presente continuo, etc. En este capítulo estudiaremos las dos primeras.

Futuro simple: **WILL + INFINITIVO**

"Will" es un auxiliar que, delante del **infinitivo** del verbo (sin "to"), lo transforma en futuro. Es una forma invariable para todas las personas. Así:

[To have: *tener*]					
I	**will** <u>have</u>	*yo tendré*	we	**will** <u>have</u>	*nosotros/as tendremos*
you	**will** <u>have</u>	*tú tendrás* *usted tendrá*	you	**will** <u>have</u>	*ustedes tendrán*
he	**will** <u>have</u>	*él tendrá*			
she	**will** <u>have</u>	*ella tendrá*	they	**will** <u>have</u>	*ellos/as tendrán*
it	**will** <u>have</u>	*tendrá*			

We **will** <u>have</u> a nice house.　　*Tendremos una casa bonita.*
He **will** <u>get</u> a new job.　　*Él conseguirá un nuevo trabajo.*
I **will** <u>send</u> you a postcard from Italy.
Te enviaré una postal desde Italia.

"Will" se puede contraer en **"'ll"**:

I**'ll** help you.　　*Te ayudaré.*
She**'ll** become a famous painter.　*Se convertirá en una pintora famosa.*
They**'ll** come soon.　　*Ellos vendrán pronto.*

• En frases negativas usamos **"will not"** o su contracción, **"won't"**, y el verbo en infinitivo:

They **won't** <u>win</u> the match.　　*Ellos no ganarán el partido.*
He **won't** <u>be</u> late.　　*Él no llegará tarde.*
I **won't** <u>play</u> for the local team.　*No jugaré en el equipo local.*

- En preguntas se coloca "will" delante del sujeto:

Will <u>you</u> get married?   *¿Te casarás?*
Will <u>they</u> tidy up their bedroom? *¿Ordenarán ellos su dormitorio?*
What **will** <u>she</u> do?   *¿Qué hara ella?*

- Tanto "will" como "won't" también se utilizan en respuestas cortas:

Will it rain tomorrow? Yes, it **will**.
¿Lloverá mañana? Sí, lo hará.

Will she phone you? No, she **won't**.
¿Te llamará por teléfono? No, no lo hará.

Will they go to school next week? Yes, they **will**.
¿Irán ellos a la escuela la semana próxima? Sí, lo harán.

- El futuro simple se utiliza:

a) <u>Para predicciones futuras:</u>
She**'ll** get a better job.   *Ella conseguirá un trabajo mejor.*

b) <u>Para expresar decisiones espontáneas:</u>
I**'ll** answer the phone.   *Yo respondo el teléfono.*

c) <u>Para invitaciones:</u>
Will you come to the party?   *¿Vendrás a la fiesta?*

d) <u>Para pedir ayuda o un favor:</u>
Will you help me?   *¿Me ayudas?*

Futuro de intención: **BE GOING TO + INFINITIVO**

Otra forma de futuro se expresa por medio de **"to be" (am, are, is)** + **going to** + **infinitivo**. Se utiliza:

- <u>Para expresar planes o intenciones:</u>
She **is going to** <u>buy</u> a new house.
Ella va a comprar una casa nueva.

- <u>Para hacer una predicción, con pruebas evidentes</u>:
It's cloudy. It's **going to** <u>rain</u>.   *Está nublado. Va a llover.*

Sus formas son:

- <u>En frases afirmativas</u>:
I **am going to** call her.   *Voy a llamarla.*
He **is going to** make a cake.   *Él va a hacer un pastel.*
They **are going** to be late.   *Ellos van a llegar tarde.*

El verbo "to be" se puede contraer:

You**'re going to** learn a lot of things.
Vas a aprender muchas cosas.
He**'s going to** listen to the radio.
Él va a escuchar la radio.

- Para las negaciones, se usa **"am not"**, **"aren't"** o **"isn't"**:
Her aunt **isn't going to** do yoga.
Su tía no va a hacer yoga.
   I am not going to write a book.
   No voy a escribir un libro.
They **aren't going to** sell their apartment.
Ellos no van a vender su apartamento.

- Para preguntas, **"am"**, **"are"** o **"is"**
se colocan **delante del sujeto**:
Are you **going to** buy a dictionary?
¿Vas a comprar un diccionario?
   Is your sister **going to** learn English?
   ¿Tu hermana va a aprender inglés?
What **are** you **going to** do?
¿Qué vas a hacer?

- En respuestas cortas:
Are you going to see the match on TV? Yes, I **am**.
¿Vas a ver el partido en televisión? Sí.
   Is he going to be your teacher? No, he **isn't**.
   ¿Él va a ser tu profesor? No.

- Si el verbo que usamos es "go" o "come", en lugar de decir
"going to go" o "going to come", decimos "going to" o "coming to":
I**'m going to** the movies on Saturday. *El sábado voy a ir al cine.*
They**'re coming to** the meeting. *Ellos van a venir a la reunión.*

- En inglés americano hablado, es muy frecuente el uso de
"gonna" por "going to":
We're **gonna** move house. *Nos vamos a mudar de casa.*

---

b) EXPRESIONES CON "BOTH", "EITHER" Y "NEITHER"

"Both" significa *"ambos/as", "los/las dos"*.

   Both men are Mexican. *Los dos hombres son mejicanos.*
   I like **both** cars. *Me gustan ambos (los dos) autos.*

1) Pero también podemos encontrar a "both" en la estructura:

   both .... and .... ⟶ *tanto ... como ...*

La usamos al referirnos a dos personas o cosas:

   Both John **and** Mike are politicians.
   Tanto John como Mike son políticos.
   Both you **and** I have children.
   Tanto tú como yo tenemos hijos.

2) Para presentar una alternativa o indicar una opción:

   either...or... ⟶ *o... o...*

We can **either** watch TV or listen to music.
Podemos ver la TV o escuchar música.
He is **either** lazy or stupid.
Él es vago o estúpido.

3) Para indicar que ninguna opción es posible:

neither...nor... ⟶ *ni... ni...*

Neither you **nor** your children like snails.
Ni a ti ni a tus hijos os gustan los caracoles.
They **neither** came **nor** phoned.
Ellos no vinieron ni llamaron por teléfono.

EJERCICIOS:

1.- Completa los espacios con la forma correcta de "will" o "going to" y el verbo correspondiente.

a) I don't understand. (you say) ....it again, please?
b) Did you send the e-mail? No, I forgot. I (send).....................it right now.
c) (you buy) ....a new car? Yes, next month.
d) He (study) ....French because he wants to work in France.
e) You look tired. I (make) ....you a cup of coffee.

2.- Relaciona:

a) She .... a new dress for the party.
b) I'm hungry. I ....some sandwiches.
c) Don't worry. I ....careful.
d) They ....a new match next month.
e) Peter and Linda.....a baby.

1) are going to have
2) is going to buy
3) 'll / will make
4) 'll / will be
5) are going to play

3.- Usa "both.....and", "either........or" o "neither ....nor" en las siguientes frases.

a) This sweater is ....cheap ....nice. Don't buy it.
b) I like ....salsa ....merengue. I like dancing a lot.
c) You can wear...........the blue suit ....the black one. Both are fine.
d) Pedro is ....Argentinian ....Spanish.
   He has these two nationalities.
e) He ....works ....studies. He doesn't do anything.

UNIDAD

26

EN ESTA UNIDAD ESTUDIAREMOS:

SITUACIÓN: Tom y Rachel están hablando sobre la nueva novia de Tom.

Rachel: I **really** think she only likes you because you're rich.

Tom: I **disagree**. Anyway, it's **hard** to say that when you don't really know her.

Rachel: Actually, it's very easy. She only asked you about your job, your house and your car... It's **pretty** obvious!

Tom: But I **know** her better than you do.

Rachel: As a matter of fact, I knew that girl when I was at school. I don't like her for you.

Tom: I **really** think you're exaggerating.

Rachel: Soon you'll realize she just wants your money.

Tom: Look, this is a **hard** conversation. Can we change the subject, please?

Rachel: Yeah, I **agree**. Let's talk about what we**'re going to do tonight**.

Tom: What about going to the movies?

Rachel: We could do it, **but** there aren't any good movies this week. It's better to go **next week**.

Tom: Yeah. We could watch the new James Bond movie, **and** after that we could have dinner at that new Mexican restaurant.

Rachel: Sounds good. **Or** we could watch the Indiana Jones movie. **In fact**, I'd prefer this one.

Tom: Well, **that's settled** then!

Rachel: And tomorrow evening we**'re going to** Sheila's house for dinner, aren't we?

Tom: Sure. What time can we meet?

Rachel: I don't **really** know. How about 8pm?

Tom: It's a deal! See you then!

Rachel: See you tomorrow at 8!

DIÁLOGO 26:

Rachel: **Realmente** *creo que a ella sólo le gustas porque eres rico.*

Tom: **No estoy de acuerdo.** *De cualquier forma, es* **difícil** *decir eso cuando en realidad tú no la conoces.*

Rachel: **De hecho,** *es muy fácil. Ella sólo te preguntaba sobre tu trabajo, tu casa y tu auto... ¡Está* **muy** *claro!*

Tom: *Pero yo la* **conozco** *mejor que tú.*

Rachel: **En realidad, conocí** *a esa chica cuando estaba en la escuela. No me gusta para ti.*

Tom: **Realmente** *creo que estás exagerando.*

Rachel: **Pronto** *te darás cuenta de que ella sólo quiere tu dinero.*

Tom: *Mira, esta es una conversación* **dura.** *¿Podemos cambiar de tema, por favor?*

Rachel: *Sí,* **estoy de acuerdo.** *Hablemos de lo que* **vamos a hacer esta noche.**

Tom: *¿Qué tal si vamos al cine?*

Rachel: *Podríamos hacerlo,* **pero** *no hay buenas películas esta*

semana. Es mejor ir la **semana próxima.**

Tom: *Sí. Podríamos ver la nueva película de James Bond* **y** *luego podríamos cenar en ese nuevo restaurante mejicano.*

Rachel: *Suena bien.* **O** *podríamos ver la película de Indiana Jones.* **De hecho,** *preferiría ésta.*

Tom: **¡Hecho!**

Rachel: *Y mañana por la noche* **vamos a** *casa de Sheila a cenar, ¿verdad?*

Tom: *Claro. ¿A qué hora nos podemos encontrar?*

Rachel: *No sé,* **realmente.** *¿Qué tal a las 8 de la noche?*

Tom: **¡Trato hecho!** *¡Hasta entonces!*

Rachel: *¡Hasta mañana a las 8!*

Mis palabras clave

....

....

....

....

LET'S SPEAK ENGLISH

a) EXPRESIONES PARA REAFIRMAR IDEAS

En una conversación es frecuente reafirmar ideas que se van diciendo. Para ello se utilizan expresiones como:

in fact **as a matter of fact** **really** **actually**	*de hecho, realmente, en realidad*

Como vemos, todas estas expresiones son sinónimas.

I'm good at geography. **In fact**, it's my favorite subject.
Se me da bien la geografía. De hecho, es mi asignatura favorita.

He's tall. **As a matter of fact**, he's taller than his father.
Él es alto. De hecho, es más alto que su padre.

Are you **really** well?   *¿Estás realmente bien?*

I play soccer. **Actually**, it's the only exercise I do.
Juego al fútbol. En realidad, es el único ejercicio que hago.

b) "HARD" COMO ADJETIVO Y ADVERBIO

"Hard" (duro, duramente) es una palabra que puede funcionar como adjetivo y como adverbio.

This rock is **hard**.   *Esta roca está dura.*
He works **hard**.   *Él trabaja duro (duramente).*

"Hard" se utiliza para describir situaciones de especial dificultad:

It's **hard** to say, but I don't love you.   *Es duro decirlo, pero no te amo.*
It's a **hard** journey.   *Es un viaje duro.*

c) EXPRESAR ACUERDO O DESACUERDO

Vamos a aprender ahora algunas estructuras para mostrar acuerdo o desacuerdo con algo que se nos ha dicho anteriormente.

• La forma más usual de mostrar acuerdo es diciendo:
"I agree" (Estoy de acuerdo).

- These views are beautiful!	- *¡Estas vistas son preciosas!*
- Yes, **I agree**.	- *Sí, estoy de acuerdo.*

Se puede estar de acuerdo con algo o con alguien:

- Going to the beach is a good plan for the weekend.
- Yes, **I agree with** <u>that</u>.
- *Ir a la playa es un buen plan para el fin de semana.*
- *Sí, estoy de acuerdo con eso.*

- I want to go to university.
- **I agree with** <u>you</u>. It's a great idea!
- *Quiero ir a la universidad.*
- *Estoy de acuerdo contigo. Es una gran idea.*

> Otras maneras de mostrar acuerdo o conformidad:
>
> **That's settled!**   *¡Hecho!*
> **It's a deal!**   *¡Trato hecho!*

• Para mostrar desacuerdo, en los mismos casos se podría decir **"I don't agree"** o **"I disagree"** *(No estoy de acuerdo).*

- Going to the beach is a good plan for the weekend.
- **I disagree**. It's going to rain.
- *Ir a la playa es un buen plan para el fin de semana.*
- *No estoy de acuerdo. Va a llover.*

d) LOS VERBOS "TO MEET" Y "TO KNOW"

Estos verbos pueden confundirse en algunas situaciones.

"To meet" significa *"conocer a alguien."*

I **met** your father last week.	*Conocí a tu padre la semana pasada.*
I'd like to **meet** her.	*Me gustaría conocerla.*

• A veces puede ir acompañado del ordinal "first":

I **first met** him last year.	*Lo conocí el año pasado.*

• Además, "**to meet**" significa también *"reunirse, encontrarse."*

We **meet** every Friday.	*Nos reunimos todos los viernes.*
Let's **meet** tomorrow!	*¡Vamos a vernos mañana!*

"To know" también significa *"conocer"*, pero con sentido de *"tener como conocido".*

I **know** him very well.	*Lo conozco muy bien.*
She knows the president.	*Ella conoce al presidente.*

• Al hablar de lugares, nunca utilizaríamos "to meet", sino "to know".

I **know** London well.	*Conozco Londres bien.*

GRAMÁTICA FÁCIL

a) CONECTORES: "AND", "OR" Y "BUT"

Estas conjunciones son las más utilizadas en inglés. Sirven para unir elementos en la frase o frases enteras, pero sus funciones son muy diferentes.

"And": *y*

Se utiliza para unir elementos o frases que tienen cierta relación.

Robert **and** Tom are my brothers.
Robert y Tom son mis hermanos.

I live in France **and** you live in Italy.
Yo vivo en Francia y tú vives en Italia.

He is tall **and** slim.
Él es alto y delgado.

"Or": *o*

Se utiliza para presentar una alternativa.

Are you a doctor **or** a nurse?	*¿Es usted doctora o enfermera?*
You'll do it, sooner **or** later.	*Lo harás, más tarde o más temprano.*

"But": *pero, sino*

Se usa para mostrar contraste.

She isn't very friendly **but** I like her.	*Ella no es muy simpática pero me gusta.*
I don't speak English **but** Spanish.	*Yo no hablo inglés sino español.*

---

b) EL FUTURO CONCERTADO

Ya vimos en el capítulo anterior algunas formas de expresar el futuro. En esta ocasión vamos a ocuparnos del futuro concertado, es decir, aquella acción futura que ya se ha acordado o convenido.

De alguna manera sería el utilizado con aquellas acciones que apuntaríamos en una agenda.

Este tipo de futuro se expresa con el **presente continuo** del verbo que usemos.

On May, 11th, **I'm seeing** the dentist.
El 11 de mayo voy a ver al dentista.

She's flying to New York tomorrow morning.
Ella volará a Nueva York mañana por la mañana.

We **aren't meeting** on Friday.
No vamos a reunirnos el viernes.

We **are getting married** next month.
Vamos a casarnos el próximo mes.

A veces esta forma de futuro puede confundirse con el futuro de intención (be going to), pero se diferencian en que una forma expresa que la acción ya está acordada (presente continuo) y la otra sólo expresa un deseo, una intención (be going to).

I'm having lunch with Michael next Wednesday.
Voy a comer con Michael el miércoles próximo.
(Así lo hemos acordado)

I'm going to have lunch with Michael next Wednesday.
Voy a comer con Michael el miércoles próximo. (Es mi intención)

---

c) ADVERBIOS DE TIEMPO USADOS CON EL FUTURO

soon	⟶	*pronto*
later	⟶	*después, más tarde*
this afternoon	⟶	*esta tarde*
this evening	⟶	*esta noche*
tonight	⟶	*esta noche*
tomorrow	⟶	*mañana*

tomorrow morning	⟶	*mañana por la mañana*
tomorrow afternoon	⟶	*mañana por la tarde*
tomorrow evening	⟶	*mañana por la noche*
the day after tomorrow	⟶	*pasado mañana*
next Sunday	⟶	*el domingo próximo*
next week	⟶	*la semana próxima*
next month	⟶	*el mes próximo*
next year	⟶	*el año próximo*

Se colocan habitualmente al final de la frase, aunque a veces aparecen también al principio.

I'm going to watch a movie **tonight**.
Voy a ver una película esta noche.

She's coming to see me **next week**.
Ella vendrá a verme la semana que viene.

I'll rain **tomorrow morning**.
Lloverá mañana por la mañana.

They are moving house **next month**.
Ellos se van a mudar de casa el mes próximo.

He'll phone **later**.
Él llamará por teléfono más tarde.

Are you going to buy a new computer **soon**?
¿Vas a comprar una computadora nueva pronto?

d) LOS ADVERBIOS "VERY", "PRETTY" Y "QUITE"

Los adverbios "**very**" (*muy*), "**pretty**" (*muy*) y "**quite**" (*bastante*) se colocan delante de los adjetivos o de otros adverbios para reforzar o intensificar su significado.

She cooks **very** <u>well</u>.	*Ella cocina muy bien.*
The exam was **pretty** <u>difficult</u>.	*El examen fue muy difícil.*
That film is **quite** <u>interesting</u>.	*Esa película es bastante interesante.*
Isn't she **pretty** <u>funny</u>?	*¿No es ella muy divertida?*

This car is **very** <u>expensive</u> but quite good.
Este auto es muy caro pero bastante bueno.

¡OJO!: Hay que tener cuidado y no confundir el adverbio "**pretty**" (*muy*) con el adjetivo "**pretty**" (*linda, bonita*).

She is **pretty** funny.	*Ella es muy divertida.*
She is **pretty**.	*Ella es bonita.*

EJERCICIOS:

1.- Relaciona:

a) It's the most attractive city to visit.

1) I don't agree. It's very cheap.

b) The blue car is more modern than the red one.

2) I agree. It's really interesting.

c) This picture is expensive.

3) I disagree. It's older.

2.- Usa los verbos "meet" o "know" en el tiempo correcto.

a) I ....her in a bar last summer.

b) Do you ....a man called Michael Thomas?

c) We'll .... again.

d) She ....a lot of people at the conference.

e) They don't .... anyone famous.

3.- Ordena las palabras para formar frases correctas.

a) Mexican isn't but she Spanish.

b) beer do prefer wine or you?

c) answer she her I didn't but phoned.

d) Korea Japan to and traveled they.

e) I her she like like me doesn't but.

4.- Usa los siguientes verbos en presente continuo para expresar

acciones concertadas en el futuro: have, fly, meet, have, see.

a) We .... a birthday party next weekend.

b) She ....David tomorrow.

c) I .... the doctor on Monday morning.

d) ....you .... to Washington on May, 3rd?

e) They .... lunch together on Friday.

UNIDAD

27

EN ESTA UNIDAD ESTUDIAREMOS:

LET'S SPEAK ENGLISH:

A) VOCABULARIO: EL TIEMPO.

B) PREGUNTAS Y RESPUESTAS ACERCA DEL TIEMPO Y LA TEMPERATURA.

C) VOCABULARIO: LAS ESTACIONES DEL AÑO.

GRAMÁTICA FÁCIL:

A) EXPRESAR POSIBILIDAD Y CERTEZA.

B) EL PASADO CONTINUO.

C) ACCIONES HABITUALES EN EL PASADO (USED TO).

SITUACIÓN: Sam y su hermana, Philippa, están hablando sobre el tiempo.

Sam: Did you see the **weather forecast** this morning? **What's the weather going to be like?**

Philippa: Well, **it's** going to be **sunny** this morning, but this afternoon **it might rain**.

Sam: What will the temperature be?

Philippa: 15° this morning and 12° this afternoon.

Sam: The **weather** is always like that in **fall**: **sun** and **rain** in the same day.

Philippa: Yes, and in **summer** it is never very **hot**. The maximum temperature is 30°.

Sam: But we're lucky that in **winter** it doesn't get too **cold**. **It** very rarely **snows** here.

Philippa: Do you remember when we were children and we used to make snowmen in the garden?

Sam: Yes, I **used to** love the **snow**. **It used to snow** more often before.

Philippa: Yes, you're right. **It was snowing** that

Christmas **when** I got my first bike.

Sam: Yes. And you **were riding** it around in the snow **while** Dad was shouting at you to slow down!

Philippa: Did you **use to** prefer **summer** or **winter** when you were a child?

Sam: I always **used to** prefer **summer**.

Philippa: It **might** be **hotter** this **summer** than last year. I hope so!

Sam: It **can't be** worse than last **summer**. **It rained** for three months!

Philippa: Yes, it **must be** better.

Sam: And **how was the weather** in Mexico when you were there?

Philippa: It was very **hot**. The temperature was higher than 30° every day.

Sam: It must be nice. I like **hot weather**.

Philippa: Yes. I **was swimming** in the pool every day **while** the children were playing in the sun. I think we'll go back there next year.

DIÁLOGO 27:

Sam: ¿Viste la **previsión del tiempo** esta mañana? **¿Qué tiempo va a hacer?**

Philippa: Bueno, va a hacer **sol** esta mañana, pero esta tarde **puede** que **llueva**.

Sam: ¿Qué temperatura habrá?

Philippa: 15° esta mañana y 12° esta tarde.

Sam: El **tiempo** siempre está así en **otoño**: **sol** y **lluvia** en el mismo día.

Philippa: Sí, y en **verano** nunca hace mucho **calor**. La temperatura máxima es de 30°.

Sam: Pero tenemos suerte de que en **invierno** no hace demasiado **frío**, tampoco. **Nieva** muy poco aquí.

Philippa: ¿Te acuerdas cuando éramos niños y **solíamos** hacer muñecos de nieve en el jardín?

Sam: Sí, me gustaba mucho la **nieve**. **Solía nevar** más a menudo antes.

Philippa: Sí, tienes razón. **Estaba nevando** aquella navidad **cuando** me regalaron mi primera bicicleta.

Sam: Sí. Y la **estabas montando** por la nieve **mientras** papá te estaba gritando que frenaras.

Philippa: ¿Te gustaba más el **verano** o el **invierno** cuando eras niño?

Sam: Me **solía** gustar más el **verano**.

Philippa: Puede que haga **más calor** este **verano** que el año pasado. ¡Eso espero!

Sam: No puede ser peor que el **verano** pasado. ¡**Llovió** durante tres meses!

Philippa: Sí, **tiene que ser** mejor.

Sam: ¿**Y qué tiempo hizo** en Méjico cuando estuviste allí?

Philippa: Hacía mucho **calor**. La temperatura era superior a 30° todos los días.

Sam: Debe estar bien. Me gusta el tiempo caluroso.

Philippa: Sí. Yo **estaba nadando** en la piscina todos los días **mientras** los niños **estaban jugando** al sol. Creo que volveré allí el año que viene.

Mis palabras clave

....

....

....

....

....

LET'S SPEAK ENGLISH

a) VOCABULARIO: EL TIEMPO – THE WEATHER

Entre el vocabulario relativo al tiempo encontramos:

sun: *sol*
cloud: *nube*
snow: *nieve*
the weather: *el tiempo*
weather forecast: *pronóstico meteorológico*

rain: *lluvia*
wind: *viento*
fog: *niebla*

b) PREGUNTAS Y RESPUESTAS ACERCA DEL TIEMPO Y LA TEMPERATURA

Cuando se quiere preguntar por el tiempo se puede decir:

What's the weather like?	*¿Cómo está el tiempo?*
	¿Qué tiempo hace?
What's the weather like today?	*¿Qué tiempo hace hoy?*
What was the weather like yesterday?	*¿Qué tiempo hizo ayer?*
How's the weather?	*¿Cómo está el tiempo?*

Para responder a estas preguntas podemos:

• Usar los sustantivos antes citados, a los que les añadimos "-y", convirtiéndolos en adjetivos.
Hemos de tener en cuenta que el sujeto, en estos casos, siempre es "**it**", al que le sigue el verbo "to be".

It's sunny.	*Hace sol (está soleado).*
It's rainy.	*Está lluvioso.*
It's cloudy.	*Está nublado.*
It's windy.	*Hace viento.*
It's foggy.	*Hay niebla.*
It was a cloudy day.	*Fue un día nublado.*
It's a rainy day.	*Es un día lluvioso.*

• Pero también podemos responder con un verbo:

To rain: *llover*	**It is raining.**	*Está lloviendo.*
To snow: *nevar*	**It is snowing.**	*Está nevando.*

En cuanto a la temperatura, cuando queremos preguntar por ella:

What's the temperature?   *¿Cuál es la temperatura?*
32° (thirty-two degrees)   *32° (treinta y dos grados)*

Hay que recordar que en muchos países se usan los grados
Fahrenheit y en otros los Celsius o centígrados (32°F = 0°C).

También encontramos otros adjetivos relativos al tiempo y la temperatura:

hot:	*caluroso*
warm:	*cálido*
cool:	*fresco*
cold:	*frío*
wet:	*húmedo*
dry:	*seco*

Is it **hot**?   *¿Hace calor?*

It's **cool** and **wet**.
Hace fresco y está húmedo (hay humedad).

It is **hot** and **dry** in the desert.
En el desierto hace calor y está seco.

– **What's the weather like today?**   – *¿Qué tiempo hace hoy?*
– It's raining and it's very cold.   – *Está lloviendo y hace mucho frío.*

– **What's the temperature?**   –*¿Cuál es la temperatura?*
–Three degrees below zero.   –*Tres grados bajo cero.*

c) VOCABULARIO: LAS ESTACIONES DEL AÑO –THE SEASONS

Las estaciones del año son:

spring	*primavera*
summer	*verano*
fall	*otoño*
winter	*invierno*

En algunos países
de lengua inglesa,
"otoño" se dice
"autumn".

In **spring** it's warm and rainy.
En primavera hace un tiempo cálido y lluvioso.

I'm going on a trip in **summer**.
Me voy de viaje en verano.

He becomes sad when **fall** comes.
Él se pone triste cuando llega el otoño.

I can ski in **winter**.
Puedo esquiar en invierno.

GRAMÁTICA FÁCIL

a) EXPRESAR POSIBILIDAD Y CERTEZA

Posibilidad

Cuando queramos expresar que una acción puede ocurrir (sólo refiriéndonos a que es posible que ocurra), usaremos los verbos auxiliares **"may"** o **"might"**, que irán delante de un verbo en infinitivo (sin "to").

It **may** <u>rain</u> tomorrow.	*Puede (ser) que llueva mañana.*
It **might** <u>be</u> windy.	*Puede que haga viento.*

He **may** <u>buy</u> a new computer.
Puede que él se compre una computadora nueva.

I **might** <u>win</u> the lottery someday.
Puede que gane la lotería algún día.

Si la frase es negativa, usamos **"not"** después de "may" o "might".

They **may not** <u>lose</u> the match.
Puede que ellos no pierdan el partido.

You **might not (mightn't)** <u>arrive</u> on time.
Puede que no llegues a tiempo.

Certeza

Para expresar certeza o seguridad, utilizamos los verbos auxiliares **"must"** o **"can't"**, seguidos de "be".

It **must** <u>be</u> raining.	*Debe estar nevando.*
It **can't** <u>be</u> sunny.	*No puede hacer sol.*
They **must** <u>be</u> doing exercise.	*Ellos deben estar haciendo ejercicio.*
She **can't** <u>be</u> sleeping.	*Ella no puede estar durmiendo.*

b) EL PASADO CONTINUO

Es el tiempo que se utiliza cuando queremos expresar acciones que ocurrieron en el pasado, pero enfatizamos que tuvieron cierta duración. Se forma con el pasado simple del verbo "to be" (**was/were**) y el **gerundio** del verbo que usemos.

I **was studying**.	*Yo estaba/estuve estudiando.*
You **were listening** to the radio.	*Tú estabas/estuviste escuchando la radio.*
It **was snowing** all afternoon.	*Estuvo nevando toda la tarde.*

• La <u>forma afirmativa</u> es:

[To eat: *comer*]

I	**was eating**	*yo estuve/estaba comiendo*
you	**were eating**	*tú estuviste/estabas comiendo, usted estuvo/estaba comiendo*
he	**was eating**	*él estuvo/estaba comiendo*
she	**was eating**	*ella estuvo/estaba comiendo*
it	**was eating**	*estuvo/estaba comiendo*
we	**were eating**	*nosotros/as estuvimos/estábamos comiendo*
you	**were eating**	*ustedes estuvieron/estaban comiendo*
they	**were eating**	*ellos estuvieron/estaban comiendo*

The dog **was eating** its food. *El perro estaba comiendo su comida.*

In 2002 I **was living** in London. *En 2002 yo estaba viviendo en Londres.*

We **were doing** our homework. *Estuvimos haciendo nuestros deberes.*

She **was reading** a magazine.
Ella estaba leyendo una revista.

They **were cleaning** their apartment.
Ellos estuvieron limpiando su apartamento.

• En <u>frases negativas</u> se usan "**was not/wasn't**" y "**were not/weren't**":

He **wasn't dancing** at the party.	*Él no estuvo bailando en la fiesta.*
They **weren't speaking** French.	*Ellos no estaban hablando en francés.*
I **wasn't waiting** for you.	*Yo no estaba esperándote.*
We **weren't fighting**.	*No estábamos peleándonos.*

• En <u>preguntas</u>, "**was**" y "**were**" invierten el orden con el sujeto.

Were you **studying** maths?	*¿Estabas estudiando matemáticas?*
What **were** you **doing**?	*¿Qué estabas haciendo?*
Was he **playing** the piano?	*¿Estaba él tocando el piano?*
Who **were** you **talking** to?	*¿Con quién estabas hablando?*

• El pasado continuo también se usa para describir lo que estaba ocurriendo en un momento determinado del pasado.

She **was working** in the morning.
Ella estuvo trabajando por la mañana.

At seven o'clock I **was sleeping**.
A las siete en punto yo estaba durmiendo.

Yesterday evening they **were playing** cards.
Ayer por la tarde ellos estuvieron jugando a las cartas.

• En este caso también se puede usar con otro verbo en pasado simple para expresar que una acción estaba teniendo lugar cuando otra "interrumpió". Para ello usamos **"when"** *(cuando)*, delante del verbo en pasado simple, o **"while"** *(mientras)*, delante del pasado continuo.

I **was washing** the dishes when the telephone **rang**.
Yo estaba lavando los platos cuando sonó el teléfono.

The telephone **rang** while I **was washing** the dishes.
El teléfono sonó mientras yo estaba lavando los platos.

• Este tiempo también se utiliza para describir dos acciones que estaban ocurriendo en el mismo momento.

She **was reading** a book while her children **were playing**.
Ella estaba leyendo un libro mientras sus hijos estaban jugando.

They **were cleaning** while I **was doing** the shopping.
Ellos estaban limpiando mientras yo estaba haciendo la compra.

c) ACCIONES HABITUALES EN EL PASADO (USED TO)

Para expresar acciones y estados habituales en el pasado utilizamos **"used to"** y el **infinitivo** del verbo. En español frecuentemente equivale al pasado del verbo "soler".

I **used to** play tennis when I was a teenager.
Yo solía jugar al tenis cuando era adolescente.

Esta forma es igual para todas las personas.

She **used to** spend a lot of money on clothes.
Ella solía gastar mucho dinero en ropa.

We **used to** work in shifts.
Solíamos trabajar por turnos.

They **used to** visit us on weekends.
Ellos solían visitarnos los fines de semana.

I **used to** live in Miami.
Yo vivía en Miami.

- Para las <u>negaciones</u> usamos **"did not use to"** o **"didn't use to".**

You **didn't use to** study hard.	*Tú no solías estudiar mucho.*
He **didn't use to** wear a suit.	*Él no solía llevar (puesto) un traje.*
They **didn't use to** get drunk.	*Ellos no solían emborracharse.*

- En <u>preguntas</u> la posición es **"(Wh-) did** + sujeto + **use to** + infinitivo**?".**

Did you **use to** smoke?	*¿Solías fumar?, ¿Fumabas?*
What **did** he **use to** do?	*¿Qué solía hacer él?*
Did they **use to** play the piano?	*¿Solían ellos tocar el piano?*

- En <u>respuestas cortas</u>:

Did you **use to** get up early? **Yes, I did**.
¿Solías levantarte temprano? Sí, lo hacía.

Did she **use to** eat Chinese food? **No, she didn't**.
¿Solía ella comer comida china? No.

EJERCICIOS:

1.- Rellena los espacios con letras para formar palabras relacionadas con el tiempo y las estaciones.

a) s _ n
b) s _ o _
c) s _ m _ e _
d) f _ g
e) r _ i _

f) s _ r _ n _
g) c _ o _ d
h) w _ n _ e _
i) w _ n _
h) f _ l _

2.- Rellena los espacios con "may", "might" , "must" o "can't", para expresar posibilidad o certeza.

a) They ....be rich. They have some houses and three cars.

b) She ....have dogs. She's allergic to them.

c) He doesn't feel well. He ....have the flu.

d) I'm very busy now. I ....be waiting for him.

e) John is very strong and has big muscles. He ....do a lot of exercise.

3.- Poner los verbos en paréntesis en el tiempo correcto (pasado simple o pasado continuo).

a) I (meet) .... him while I (go) .... to the office.

b) When I (see) ....her, she (wait) ....for the bus.

c) While he (listen) ....to the radio, his children (do) .... their homework.

d) They (watch) ....TV when I (get)..................home.

e) She (give)..................me the ring while we (travel) ....to Italy.

4.- Relaciona:

a) What did you use to do?
b) She used to drive her car
c) Did you use to smoke?
d) Did they use to speak English in class?
e) My brother used to eat sweets

1) Yes, they did.
2) Because he liked them a lot.
3) I used to go swimming.
4) Because there weren't any buses.
5) No, I didn't.

UNIDAD

28

EN ESTA UNIDAD ESTUDIAREMOS:

LET'S SPEAK ENGLISH:

A) VOCABULARIO: LA SALUD.

B) EXPRESAR OPINIONES.

C) VOCABULARO: EL CUERPO HUMANO.

GRAMÁTICA FÁCIL:

A) "SHOULD". EXPRESAR CONSEJOS O SUGERENCIAS.

B) PLURALES IRREGULARES.

C) "TO HAVE" Y "TO HAVE GOT" (II).

D) "COULD".

SITUACIÓN: James está enfermo y le cuenta a Lisa cómo se siente.

James: I don't feel well, Lisa.

Lisa: What's the matter?

James: I've got a headache, **a sore throat** and **my back hurts**, too.

Lisa: I guess you've got the **flu**. **Have you got** a **fever**?

James: I think so. My **head** is hot.

Lisa: You **had better** go to see the **doctor**.

James: I suppose I should go tomorrow. I'll make an appointment this afternoon.

Lisa: Have you got any other **pain**?

James: No, but I can't stop **coughing** and **sneezing**.

Lisa: You **should** stop smoking too. And you **shouldn't** eat so much junk food.

James: Yes, you're right. I **could** try and be **healthier**.

Lisa: I have a toothache at the moment.

James: You **should** go to the **dentist**.

Lisa: I have an

appointment on Thursday. You look really **ill**, James. **I think** you should go to bed and rest.

James: I **could**, but **I've got** a lot of things to do.

Lisa: What **have** you **got** to do?

James: I have some work to do. I have to write a report for Friday and if I don't start now I won't finish it in time.

Lisa: You **shouldn't** think about work. You're **ill**!

James: Ok. I'll try not to do it.

Lisa: You **could** phone your boss and explain to him that you're **ill**. You can't work!

James: That's a good idea. I'll do that. Thanks for your advice, Lisa!

Lisa: You're welcome, James. I hope you feel better soon.

DIÁLOGO 28:

James: No me siento bien, Lisa.

Lisa: ¿Qué sucede?

James: Tengo dolor de cabeza, dolor de garganta y también **me duele la espalda.**

Lisa: Supongo que tienes **gripe. ¿Tienes fiebre?**

James: Creo que sí. Mi **cabeza** está caliente.

Lisa: Deberías ir a ver al **médico.**

James: Supongo que debería ir mañana. Pediré una cita esta tarde.

Lisa: ¿**Tienes** algún otro **dolor?**

James: No, pero no puedo parar de **toser** y **estornudar.**

Lisa: Deberías dejar de fumar, también. Y **no deberías** comer tanta comida basura.

James: Sí, tienes razón. **Podría** intentarlo y estar **más sano.**

Lisa: A mí me duele una muela en este momento.

James: Deberías ir al **dentista.**

Lisa: Tengo una cita el jueves. Pareces realmente **enfermo**, James. **Creo que deberías** ir a la cama y descansar.

James: Podría, pero **tengo** muchas cosas que hacer.

Lisa: ¿Qué **tienes** que hacer?

James: Tengo que trabajar. Tengo que escribir un informe para el viernes y si no empiezo ahora, no lo terminaré a tiempo.

Lisa: No **deberías** pensar en el trabajo. ¡Estás **enfermo**!

James: De acuerdo. Intentaré no hacerlo.

Lisa: Podrías llamar a tu jefe y explicarle que estás **enfermo**. ¡No puedes trabajar!

James: Es una buena idea. Eso haré. Gracias por tu consejo, Lisa.

Lisa: De nada, James. Espero que te sientas mejor pronto.

Mis palabras clave

LET'S SPEAK ENGLISH

a) VOCABULARIO: LA SALUD – THE HEALTH

health: *salud*　　　**illness, disease:** *enfermedad*
healthy: *sano*　　　**ill, sick:** *enfermo*
doctor: *médico*　　　**nurse:** *enfermera*
surgeon: *cirujano*　　　**dentist:** *dentista*
patient: *paciente*　　　**allergy:** *alergia*
cold: *resfriado*　　　**depression:** *depresión*
fever: *fiebre*　　　**flu:** *gripe*
cough: *toser, tos*　　　**sneeze:** *estornudar, estornudo*
ache, pain: *dolor*　　　**painful:** *doloroso*
tablet: *pastilla*　　　**prescription:** *receta*

Para expresar problemas de salud podemos decir:

I don't feel well	*No me siento bien*
I've got a headache	*Me duele la cabeza*
I've got a sore throat	*Me duele la garganta*
I have a pain in my elbow	*Me duele el codo*
My knee hurts	*Me duele la rodilla*

Con la terminación "-ache" se suelen expresar cinco dolencias:

To have a(n)
- **headache** ⟶ *tener dolor de cabeza*
- **stomachache** ⟶ *tener dolor de estómago*
- **toothache** ⟶ *tener dolor de muelas*
- **backache** ⟶ *tener dolor de espalda*
- **earache** ⟶ *tener dolor de oídos*

El resto se puede expresar por medio de:

- **I've got a sore...**
- **My...hurts.**
- **I've got a pain in my...**

Me duele el/la...

I've got a sore foot.	*Me duele un pie.*
I've got a pain in my arm.	*Me duele el brazo.*
My shoulder **hurts**.	*Me duele el hombro.*

Al usar alguna de las dos últimas expresiones, hemos de tener en cuenta que las partes del cuerpo se expresan con los adjetivos posesivos, aunque en español se usen artículos.

I've got a pain in **my** back.	*Me duele **la** espalda.*
My leg hurts.	*Me duele **la** pierna.*

b) EXPRESAR OPINIONES

Cuando queremos dar alguna opinión, muchas veces usamos expresiones de introducción, como:

I think...	*Pienso, Creo...*
I suppose...	*Supongo...*
I guess...	*Creo, Me parece...*

I think it will rain tomorrow.   *Creo que lloverá mañana.*

I suppose you're coming to the party.   *Supongo que vendrás a la fiesta.*

I guess he doesn't feel well.   *Me parece que él no se siente bien.*

I suppose this tablet will do you good.
Supongo que esta pastilla le hará bien.

I have a stomachache. **I think** I ate too much yesterday.
Tengo dolor de estómago. Creo que comí demasiado ayer.

c) VOCABULARIO: EL CUERPO HUMANO – THE HUMAN BODY

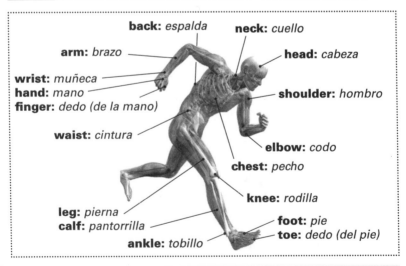

back: *espalda*   **neck:** *cuello*

arm: *brazo*   **head:** *cabeza*

wrist: *muñeca*
hand: *mano*   **shoulder:** *hombro*
finger: *dedo (de la mano)*

waist: *cintura*

elbow: *codo*

chest: *pecho*

knee: *rodilla*

leg: *pierna*
calf: *pantorrilla*   **foot:** *pie*
toe: *dedo (del pie)*
ankle: *tobillo*

GRAMÁTICA FÁCIL

a) "SHOULD". EXPRESAR CONSEJOS O SUGERENCIAS

El verbo auxiliar **"should"** equivale a la forma condicional del verbo "deber" (debería, deberías,...). Tiene la misma forma para todas las personas y va delante de un infinitivo sin "to". Así:

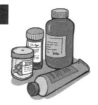

You **should** take a pill.	*Debería tomarse una píldora.*
She **should** study harder.	*Ella debería estudiar más.*
We **should** go and see the doctor.	*Deberíamos ir a ver al médico.*
I **should** be happy.	*Yo debería estar contento.*

You **should** brush your teeth three times a day.
Deberías cepillarte los dientes tres veces al día.

La forma negativa es **"should not"** o **"shouldn't".**

You **shouldn't** smoke. It's harmful.	*No deberías fumar. Es dañino.*

They **shouldn't** go out in this weather.
Ellos no deberían salir con este tiempo.

He **shouldn't** go home alone.	*Él no debería ir a casa solo.*
I **shouldn't** drink alcohol.	*Yo no debería beber alcohol.*

Para realizar preguntas, invertimos el orden entre **"should"** y el sujeto.

Should I take any medicine?	*¿Debería tomar alguna medicina?*
What **should** he do?	*¿Qué debería hacer él?*

Should we buy any painkiller?
¿Deberíamos comprar algún analgésico?

What doctor **should** she visit?	*¿A qué médico debería visitar ella?*

Todas estas estructuras se utilizan para dar o pedir consejos, recomendaciones o sugerencias.

Otra estructura similar a "should" y "shouldn't" es **"had better/'d better"** y **"had better not / 'd better not"**, en frases afirmativas y negativas.

You **should** buy some cold medicines ⎫ *Deberías comprar algunos*
You**'d better** buy some cold medicines ⎭ *medicamentos para el resfriado*

He **shouldn't** do more exercise ⎫ *Él no debería hacer más ejercicio*
He**'d better not** do more exercise ⎭

b) PLURALES IRREGULARES

En la próxima unidad estudiaremos en profundidad la forma plural de los sustantivos, pero, ya que nos han aparecido algunas partes del cuerpo con plurales irregulares, vamos a avanzarlas.

tooth	*diente*	⟶	**teeth**	*dientes*
foot	*pie*	⟶	**feet**	*pies*
calf	*pantorrilla*	⟶	**calves**	*pantorrillas*

My left **foot** hurts.   *Me duele el pie izquierdo.*
My **feet** hurt.   *Me duelen los pies.*

c) "TO HAVE" Y "TO HAVE GOT" (II)

En la unidad 4 ya aprendimos las diferencias entre los verbos **"have"** y **"have got"**. Ya vimos que ambos tienen el mismo significado *(tener)*, pero, en cuanto a la forma, son un poco distintos.

• La diferencia fundamental es que "have" no es auxiliar y "have got", sí. Por lo tanto, "have" necesita de "don't / doesn't / didn't" para las negaciones, o "do / does / did" para las preguntas.

    I **don't have** a job.   *No tengo trabajo.*
    Does he **have** many books?   *¿Tiene él muchos libros?*

• Mientras que "have got", al ser auxiliar, sólo añade "not" para las negaciones, y es "have" el que invierte el orden con el sujeto para hacer preguntas.

    He **has not (hasn't) got** a watch.   *Él no tiene reloj.*
    Have you **got** an old dishwasher?   *¿Tienes un lavavajillas antiguo?*

• Además, "have got" se puede contraer con el sujeto, pero "have", no.

    I**'ve got** a new camera.   /   I **have** a new camera.

En este capítulo hemos visto muchos ejemplos con ambas formas:

    I**'ve got** a sore throat.   *Me duele la garganta.*
    He **has** a headache.   *A él le duele la cabeza.*
    He**'s got** a pain in his wrist.   *Él tiene un dolor en la muñeca.*
    She**'s got** a backache.   *A ella le duele la espalda.*
    We **have** a sore back.   *A nosotros nos duele la espalda.*
    I**'ve got** a cold.   *Tengo un resfriado.*

¡OJO!: En este último ejemplo, "cold" *(resfriado)* es un sustantivo, que no hay que confundir con el adjetivo "cold" *(frío)*.

He's got a **cold**.	*Él tiene un resfriado.*
He's **cold**.	*Él tiene frío.*

d) "Could"

Como ya sabemos, "**could**" es el pasado de "can" *(poder, saber)*. Tiene una forma para todas las personas y va delante de un infinitivo sin "to".

I **could** win the game.	*Yo pude ganar la partida.*
She **could** swim.	*Ella sabía nadar.*
He **could** come to the party.	*Él pudo venir a la fiesta.*

• En frases afirmativas:

I **could** read your message.	*Pude leer tu mensaje.*
He **could** phone her in the morning.	*Él pudo llamarla por la mañana.*
We **could** see the monument.	*Nosotros pudimos ver el monumento.*
They **could** find the key.	*Ellos pudieron encontrar la llave.*

• En frases negativas usamos "**could not**" o "**couldn't**":

I **couldn't** use my computer.	*No pude usar mi computadora.*
You **couldn't** sell your car.	*No pudiste vender tu auto.*
She **couldn't** go to the movies.	*Ella no pudo ir al cine.*
They **couldn't** stay longer.	*Ellos no se pudieron quedar más tiempo.*

• En preguntas invertimos el orden entre "**could**" y el sujeto.

What **could** I do?	*¿Qué podía hacer?*
Where **could** she practice English?	*¿Dónde pudo ella practicar inglés?*
Could we meet on Friday?	*¿Nos podríamos encontrar el viernes?*

"Could" se usa:

• Para expresar posibilidad:

Charles **could** go to jail.	*Charles podría ir a la cárcel.*
It **could** snow tomorrow.	*Puede que llueva mañana.*

• Para expresar habilidad en pasado:

I **could** swim when I was four.
Yo sabía nadar cuando tenía cuatro años.

She **could** speak a little Chinese.
Ella sabía hablar un poco de chino.

- Para expresar sugerencias:

   You **could** spend your vacation in Italy.
   Podrías pasar tus vacaciones en Italia.

- Para realizar peticiones (de manera formal):

   Could you pass me the salt, please?
   ¿Podrías pasarme la sal, por favor?

   Could you do me a favor?
   ¿Podrías hacerme un favor?

- También funciona como condicional de "poder" *(podría)*.

   You **could** sleep better if you take this pill.
   Usted podría dormir mejor si se toma esta píldora.

   Could you show me the way?
   ¿Podría mostrarme el camino?

EJERCICIOS:

1.- ¿Qué consejo darías en la siguiente situación? Mary's got an earache.

a) You should go to the disco.
b) You should see your brother.
c) You should watch TV.
d) You should see the doctor.

2.- Relaciona las frases con los usos de "could".

a) You could go and see the doctor.
b) Could you help me, please?
c) It could be a cold day.
d) She could make friends easily.

1) Posibilidad
2) Habilidad
3) Sugerencia
4) Petición

3.- Rellena los espacios con las formas correctas de "have", "have got" o déjalos en blanco.

a) Does he .... a computer?
b) What .... you ....?
c) I don't .... a blue car.
d) He hasn't .... a camera.

4.- Encuentra ocho partes del cuerpo humano en la sopa de letras.

```
N S B C T D
B M N O B F
Z L E G F W
C V C F I X
K A K X N L
C R L K G M
A M O F E O
B T S I R W
```

UNIDAD
29

EN ESTA UNIDAD ESTUDIAREMOS:

LET'S SPEAK ENGLISH:

A) EXPRESIONES USADAS EN EL RESTAURANTE.

B) VOCABULARIO: EN EL RESTAURANTE.

GRAMÁTICA FÁCIL:

A) SUSTANTIVOS EN PLURAL.

B) EL PRETÉRITO PERFECTO (I).

C) LISTA DE VERBOS REGULARES (II).

SITUACIÓN: Max llama y reserva una mesa en un restaurante. Terry es la camarera que lo atiende a su llegada.

Max: Can I reserve a table for one at 8 o'clock?

Terry: Certainly, sir. We'll be expecting you.

(Max arrives at the restaurant)

Terry: Good evening, sir! **How can I help you?**

Max: I have a table booked for 8 o'clock. **Do you have a non-smoking area?**

Terry: Yes. Follow me, please.

Max: Can I have the menu, please?

Terry: Here you are. **What would you like to drink?**

Max: A **glass** of **white wine**, please.

Terry: (She serves the drink) **Are you ready to order?**

Max: I'm not sure yet. **What do you recommend?**

Terry: The **grilled fish** is very good. It's our **specialty**.

Max: Ok. **I'll try** some **grilled fish**, but I'm really hungry and **I'll have a beef steak as well**.

Terry: Rare, medium or well done?

Max: Rare, please.

Terry: Would you like an **appetizer**?

Max: Yes please. **I'd like** the sushi. **I have** never **tried** it before.

Terry: Really? **I have had** it many **times**. It's delicious!

Max: Great!

(He finishes eating)

Max: Could I have the check, please?

Terry: Certainly.

Max: Are taxes included?

Terry: Yes, they are.

(He pays)

Max: (Speaking to himself) **I've left** a generous **tip** for the waitress. She**'s been** very nice to me.

DIÁLOGO 29:

Max: **¿Puedo reservar una mesa para uno a las 8 en punto?**

Terry: ¡Por supuesto, señor! Le estaremos esperando.

(Max llega al restaurante)

Terry:¡Buenas noches! **¿En qué puedo ayudarle?**

Max: He reservado una mesa para las 8 en punto. **¿Tienen zona de no fumadores?**

Terry: Sí. Sígame, por favor.

Max: Bien. **¿Me puede traer el menú, por favor?**

Terry: Aquí tiene. **¿Qué quiere beber?**

Max: Una **copa** de **vino blanco**, por favor.

Terry: (Sirve la bebida) **¿Está listo para pedir?**

Max: No estoy seguro todavía. **¿Qué recomienda?**

Terry: El **pescado a la parrilla** está muy bueno. Es nuestra **especialidad**.

Max: De acuerdo. **Probaré** algo de **pescado a la parrilla**, pero

realmente tengo hambre y **tomaré un filete de res**, también.

Terry: **¿Poco hecho, hecho o muy hecho?**

Max: **Poco hecho**, por favor.

Terry: ¿Quiere un **entrante**?

Max: Sí, por favor. **Quiero** el sushi. Nunca antes lo **he probado**.

Terry: ¿En serio? Yo lo **he comido** muchas **veces**. ¡Está delicioso!

Max: ¡Estupendo!

(Termina de comer)

Max: **¿Puede traerme la cuenta, por favor?**

Terry: Claro.

Max: **¿Están los impuestos incluidos?**

Terry: Sí, sí lo están.

(Paga)

Max: (Hablando para sí mismo) Le **he dejado** una **propina** generosa a la camarera. **Ha sido** muy agradable conmigo.

Mis palabras clave

LET'S SPEAK ENGLISH

a) EXPRESIONES USADAS EN EL RESTAURANTE

Antes de llegar al restaurante:

I want { to reserve / to book } a table for two at 8 o'clock.

Quiero reservar una mesa para dos personas a las 8 en punto.

Do you have a non-smoking area?   *¿Tienen zona de no fumadores?*
Do you have a vegetarian menu?   *¿Tienen menú vegetariano?*
Do you have a children's menu?   *¿Tienen menú para niños?*

Al llegar a un restaurante, la pregunta más habitual por parte de los camareros o meseros es:

Can I help you?   *¿Puedo ayudarle?*
How can I help you?   *¿Cómo puedo ayudarle?*

Ya sentados en la mesa nos preguntarán:

Can I take your order?   *¿Puedo tomar su pedido?*
Are you ready to order?   *¿Está listo para pedir?*
What can I get you?   *¿Qué puedo traerle?*
Anything to drink?   *¿Algo para beber?*
What would you like to drink?   *¿Qué quiere beber?*
Would you like to have the menu?   *¿Quiere el menú?*

Si somos nosotros los que pedimos el menú:

Can I have the menu, please?   *¿Me podría dar el menú, por favor?*
Could I see the wine list?   *¿Podría ver la carta de vinos?*

A la hora de realizar el pedido:

What do you recommend? *¿Qué recomienda?*
I'd like grilled salmon. *Quisiera salmón a la parrilla.*
I'll try the onion soup. *Probaré la sopa de cebolla.*
I'll have* the spinach lasagna, please.
Tomaré la lasagna de espinacas, por favor.

* El verbo "to have", además de "tener" o "haber", también significa "tomar" (comida o bebida).

Si pedimos carne para comer, suelen preguntar:

Rare, medium or well done? *¿Poco hecha, hecha o muy hecha?*

Al servirnos, nos pueden decir:

Bon appétit! *¡Buen provecho! ¡Que aproveche!*

Al pedir la cuenta:

Could I have the check*, please? *¿Podría traer la cuenta, por favor?*
The check, please! *¡La cuenta, por favor!*

* En algunos países de lengua inglesa, la cuenta es "the bill".

Are taxes included?
¿Están incluidos los impuestos?

Can I pay at the table or at the till?
¿Puedo pagar en la mesa o en caja?

b) VOCABULARIO: EN EL RESTAURANTE – AT THE RESTAURANT

hors d'oeuves: *aperitivos*
starter, appetizer: *entrante, primer plato*
main course: *plato principal*
dessert: *postre*
mineral water: *agua mineral*
soft drinks: *refrescos*
beer: *cerveza*
red wine: *vino tinto*
white wine: *vino blanco*
specialty: *especialidad*
a three-course meal: *un menú de tres platos*
to book a table: *reservar una mesa*
to reserve a table: *reservar una mesa*
to serve: *servir*
tip: *propina*

GRAMÁTICA FÁCIL

a) SUSTANTIVOS EN PLURAL

En muchas unidades anteriores hemos estado usando sustantivos en plural y habremos podido constatar que hay diversas maneras de convertir un nombre singular en plural. A continuación se muestra cómo se forman los plurales de los nombres contables.

• Como regla general, el plural del sustantivo se forma añadiendo una "**s**" al sustantivo en singular.

house – house**s**   *casa - casas*
car – car**s**   *auto – autos*

• Los nombres acabados en **s**, **sh**, **ch**, **x** y **z**, forman el plural añadiendo "**es**":

bus – bus**es**   *autobús – autobuses*
dish – dish**es**   *plato – platos*
match – match**es**   *fósforo – fósforos*
fox – fox**es**   *zorro – zorros*
buzz – buzz**es**   *zumbido – zumbidos*

• Los nombres que acaban en "**y**" forman el plural de la siguiente manera:

- Si la "**y**" va precedida de una consonante, se convierte en "**i**" y se añade "**es**":

party – part**ies**   *fiesta – fiestas*
city – cit**ies**   *ciudad – ciudades*

- Si la "**y**" va precedida de una vocal, sólo se le añade "**s**":

day – day**s**   *día – días*
boy – boy**s**   *muchacho – muchachos*

• Si el nombre acaba en "**f**" o "**fe**", en el plural estas letras cambian por "**ves**":

leaf – lea**ves**   *hoja – hojas*
knife – kni**ves**   *cuchillo – cuchillos*

- Cuando el nombre acaba en "**o**", la regla general es añadir "**es**" en plural:

        hero – hero**es**   *héroe – héroes*
        potato – potato**es** *papa – papas*

Pero algunas palabras no siguen esta norma:

        photo – photo**s**   *foto – fotos*
        piano – piano**s**   *piano – pianos*

- Hay otros sustantivos que forman el plural de manera irregular:

        man – **men**   *hombre – hombres*
        woman – **women**   *mujer – mujeres*
        child – **children**   *niño – niños*
        foot – **feet**   *pie – pies*
        tooth – **teeth**   *diente – dientes*
        mouse – **mice**   *ratón – ratones*
        sheep – **sheep**   *oveja – ovejas*
        fish – **fish**   *pez – peces (pescado – pescados)*

Hay que prestar atención a la palabra "**people**". Aunque a veces pueda significar "gente", que es un sustantivo incontable, en inglés es el plural de "**person**" y, por lo tanto, contable.

a person – two **people** / two persons
una persona – dos personas

- Algunos sustantivos solo tienen forma plural y, para singularizarlos, se usa la expresión "**a pair of**" delante de ellos.

        scissors – **a pair of** scissors
        tijeras – una tijera

        jeans – **a pair of** jeans
        pantalones tejanos – un pantalón tejano

b) EL PRETÉRITO PERFECTO (I)

El pretérito perfecto (present perfect) es un tiempo verbal formado por el **presente del verbo "to have"** (**have / has**) y el **participio** del verbo que usemos:

    I **have learned** a lot of things.   *He aprendido muchas cosas.*

Recordemos que en español los participios son las formas verbales acabadas en "-ado" e "-ido" *(jugado, comido)*. En inglés, los participios acaban en "-ed" en el caso de los verbos regulares, y hemos de memorizar los irregulares (ver lista de verbos regulares al final de esta unidad y de verbos irregulares al final de la próxima unidad).

    She **has studied** latin.   *Ella ha estudiado latín.*
    They **have been** to Spain.   *Ellos han estado en España.*

Su forma afirmativa es:

[To see: *ver*]

I	**have seen**	*yo he visto*
you	**have seen**	*tú has visto, usted ha visto*
he	**has seen**	*él ha visto*
she	**has seen**	*ella ha visto*
it	**has seen**	*ha visto*
we	**have seen**	*nosotros/as hemos visto*
you	**have seen**	*ustedes han visto*
they	**have seen**	*ellos/as han visto*

I **have seen** her.	*La he visto (a ella).*
He **has answered** the questions.	*Él ha respondido las preguntas.*
We **have opened** the box.	*Hemos abierto la caja.*

En **pretérito perfecto**, "**have**" se puede contraer en "**'ve**" y "**has**" en "**'s**":

They**'ve rented** an apartment.
Ellos han alquilado un apartamento.

She**'s bought** a new dress.
Ella ha comprado un vestido nuevo.

¡OJO!: Hay que prestar atención y no confundir la contracción de "has" con la de "is", ni con el caso genitivo. A "has" le seguirá un participio.

Paul**'s** writing a letter ⟶	is	*Paul está escribiendo una carta.*
Paul**'s** written a letter ⟶	has	*Paul ha escrito una carta.*
Paul**'s** dog is small ⟶	genitivo	*El perro de Paul es pequeño.*

En la siguiente unidad estudiaremos el pretérito perfecto en frases negativas y en preguntas, así como su uso.

c) LISTA DE VERBOS REGULARES (II)

A continuación se muestra una lista que recoge algunos verbos regulares, con sus formas de infinitivo, pasado y participio.

Infinitivo	Pasado	Participio	
to answer	answered	answered	*(responder)*
to arrive	arrived	arrived	*(llegar)*
to ask	asked	asked	*(preguntar)*

to close	closed	closed	*(cerrar)*
to cook	cooked	cooked	*(cocinar)*
to enjoy	enjoyed	enjoyed	*(disfrutar)*
to help	helped	helped	*(ayudar)*
to invite	invited	invited	*(invitar)*
to like	liked	liked	*(gustar)*
to live	lived	lived	*(vivir)*
to look	looked	looked	*(mirar)*
to open	opened	opened	*(abrir)*
to play	played	played	*(jugar, tocar)*
to rain	rained	rained	*(llover)*
to rent	rented	rented	*(alquilar)*
to start	started	started	*(comenzar)*
to study	studied	studied	*(estudiar)*
to travel	traveled	traveled	*(viajar)*
to want	wanted	wanted	*(querer)*
to watch	watched	watched	*(mirar, observar)*
to work	worked	worked	*(trabajar)*

EJERCICIOS:

1.- Ordena estas frases según ocurren en una situación real.

a) .... Can I have the menu, please?
b) .... Could I have the check, please?
c) .... Can I reserve a table for one at 8:30?
d) .... I'll have a steak.
e) .... Can I take your order?
f) .... What do you recommend?

2.- ¿Cuál es el plural de estos nombres?

a) door   ....
b) fish   ....
c) orange   ....
d) brush   ....
e) potato   ....
f) woman   ....
g) room   ....
h) foot   ....
i) box   ....
j) wall   ....

3.- Usa el pretérito perfecto de los siguientes verbos para rellenar los espacios: break, invite, forget, save, wash, lose. (Ver la lista de verbos regulares e irregulares al final de las unidades 29 y 30 respectivamente, si fuera necesario).

a) He told me his name but I
...............................it.
b) She .... her key.
c) Sue .... her hair.
d) We ....some money for a new bicycle.
e) Somebody .... the windows.
f) They ....
me to the party.

UNIDAD

30

EN ESTA UNIDAD ESTUDIAREMOS:

LET'S SPEAK ENGLISH:

A) FUNCIONES DEL LENGUAJE.

B) DESPEDIDAS.

GRAMÁTICA FÁCIL:

A) EL PRETÉRITO PERFECTO (II).

B) LISTA DE VERBOS IRREGULARES (II).

SITUACIÓN: Simon visita a Jess y conversan sobre los lugares donde viven.

Simon: Hi, Jess! **Can I** come in?

Jess: Yes, of course you **can. Would** you like some coffee?

Simon: Yes, please!

(Jess makes coffee)

Simon: How long have you lived here, Jess?

Jess: For five years. **Since** I came back from Europe.

Simon: It **must** be a really nice area to live in. Very quiet and green.

Jess: Yes, it's really nice. I**'ve never lived** anywhere so peaceful.

Simon: Where else **have you lived**?

Jess: I**'ve lived** in some horrible places, and always in cities. It **has been** very relaxing living here.

Simon: I **can** tell you: living in the city is awful. It's so busy with all the cars and people.

Jess: Have you ever lived in the countryside?

Simon: No. I**'ve** always **lived** in the city.

Jess: Why don't you move here?

Simon: I **might** move here. I'm considering it. The problem is that I need to have a lot of money to buy a house.

Jess: How about renting a house while you save some money? Rents are cheap around here.

Simon: Yes. I **mustn't** spend much money. And this is what I **have done** recently.

Jess: You **should** seriously think about moving here. You would be happier.

Simon: I will do it, I promise.

Jess: And you **can** come and stay when you want a break from the city!

Simon: Thanks a lot, Jess, but I**'ve got to go** now.

Jess: Okay. It was nice to see you, Simon. **Take care!**

Simon: Look after yourself, Jess! Bye-bye!

DIÁLOGO 30:

Simon: ¡Hola, Jess! **¿Puedo pasar?**

Jess: Sí, por supuesto que **puedes**. ¿Quieres un café?

Simon: ¡Sí, por favor!

(Jess hace café)

Simon: **¿Cuánto tiempo has vivido** aquí, Jess?

Jess: **Durante** cinco años. **Desde** que volví de Europa.

Simon: **Debe** ser una zona realmente bonita para vivir. Muy tranquila y verde.

Jess: Sí, es muy bonita. **Nunca he vivido** en un lugar tan apacible.

Simon: ¿Dónde más **has vivido**?

Jess: **He vivido** en algunos lugares horribles, y siempre en ciudades. **Ha sido** muy relajante vivir aquí.

Simon: Te lo **puedo** decir: vivir en la ciudad es terrible. Es muy bulliciosa con todos los autos y la gente.

Jess: **¿Has vivido alguna vez** en el campo?

Simon: No. Siempre **he vivido** en la ciudad.

Jess: **¿Por qué no** te mudas aquí?

Simon: **Puede que** me mude aquí. Lo estoy pensando. El problema es que necesito tener mucho dinero para comprar una casa.

Jess: **¿Qué tal** si alquilas una casa mientras ahorras algo de dinero? Los alquileres están baratos por aquí.

Simon: Sí. **No puedo** gastar mucho dinero. Y esto es lo que **he hecho** últimamente.

Jess: **Deberías** pensar seriamente en mudarte aquí. Serías más feliz.

Simon: Lo haré, lo prometo.

Jess: Y **puedes** venir y quedarte cuando quieras un descanso de la ciudad.

Simon: Muchas gracias, Jess, pero **tengo que irme** ahora.

Jess: De acuerdo. Fue un placer verte, Simon. **¡Cuídate!**

Simon: ¡**Cuídate**, Jess! ¡Adiós!

Mis palabras clave

....

....

....

....

LET'S SPEAK ENGLISH

a) FUNCIONES DEL LENGUAJE

En este apartado vamos a repasar algunas estructuras, que ya hemos estudiado anteriormente, según su función. Así:

- Para expresar habilidad usamos **can** y **could**:

I **can** skate.	*Sé patinar.*
Could they speak English?	*¿Sabían hablar inglés?*

- Para pedir y dar permiso: **may** y **can**.

  May I come in? (formal)
  Can I come in? (informal) } *¿Puedo entrar?*

  You **can** drive my car. *Puedes manejar mi auto.*

- Para hacer peticiones: **will**, **can**, **would** y **could**.

  Can you tell me the time, please?
  ¿Puedes decirme la hora, por favor?

  Will you close the window, please?
  ¿Puedes cerrar la ventana, por favor?

  Could I use your phone? (formal)
  ¿Podría usar su teléfono?

  Would you do it for me?
  ¿Lo harías por mí?

- Para expresar ofrecimientos o sugerencias: **can**, **could** y **may**.

  Can I help you? (informal)
  May I help you? (formal) } *¿Puedo ayudarte?*

  Could I make the meal today? (formal)
  ¿Podría hacer yo la comida hoy?

• <u>Para expresar obligación</u>: **must** y **have to**.

"Must" cuando haya "autoridad" por parte del hablante:

> You **must** do what I say.
> *Tienes que hacer lo que te digo. (El padre al hijo)*

"Have to" cuando no exista tal "autoridad":

> We **have to** study.
> *Tenemos que estudiar. (Un estudiante a otro)*

• <u>Para expresar prohibición</u>: **musn't** y **can't**.

> You **mustn't** smoke here.   *No puede fumar aquí.*
> You **can't** do that.   *No puedes hacer eso.*

• <u>Para pedir y dar consejos o sugerencias</u>: **should**.

> What **should** I do?   *¿Qué debería hacer?*
> You **should** study English.   *Deberías estudiar inglés.*

• <u>Otras estructuras para hacer sugerencias</u>: **how about**, **what about**, **why don't we** o **let's**.

> **How about** eating out?
> *¿Qué tal si salimos a comer?*

> **What about** going for a walk after dinner?
> *¿Qué tal si damos un paseo después de la cena?*

> **Why don't we** start a new course?
> *¿Por qué no empezamos un curso nuevo?*

> **Let's** study the list of irregular verbs.
> *Estudiemos la lista de verbos irregulares.*

• <u>Para expresar posibilidad</u>: **may**, **might** y **could**.

> It **may** rain tomorrow.
> *Puede que llueva mañana.*

> He **might** come to the meeting.
> *Puede que él venga a la reunión.*

> She **could** win the competition.
> *Puede que ella gane la competición. (Ella podría ganar la competición).*

• <u>Para expresar certeza</u>: **must** y **can't**.

> (The phone is ringing) It **must** be John.
> *Debe ser John. (Estoy seguro)*

> (The phone is ringing) It **can't** be John.
> *No puede ser John. (Estoy seguro)*

b) DESPEDIDAS – SAYING FAREWELL

En distintos capítulos hemos visto diferentes formas de despedirse, que ahora completamos con algunas más:

I have to go.	→	*Tengo que irme.*
I've got to go.	→	*Tengo que irme.*
Take care!	→	*¡Cuídate!*
Look after yourself!	→	*¡Cuídate!*
Stay well!	→	*¡Que vaya bien!*

GRAMÁTICA FÁCIL

a) EL PRETÉRITO PERFECTO (II)

En la unidad anterior ya aprendimos la forma afirmativa del pretérito perfecto. A continuación veremos cómo se expresan las negaciones y las preguntas.

• Para las negaciones, se utilizan "**haven't**" o "**hasn't**" y el participio del verbo que usemos:

Our neighbors **haven't sold** their house.
Nuestros vecinos no han vendido su casa.

He **hasn't spent** his salary. *Él no ha gastado su sueldo.*

• Para preguntas se colocan "**have**" o "**has**" delante del sujeto:

What **have** you **done**? *¿Qué has hecho?*
Has she **seen** you? *¿Te ha visto ella?*

• En respuestas cortas:

Has he won a silver medal? **Yes, he has.**
¿Ha ganado él una medalla de plata? Sí.

Have you sent the letter? **No, I haven´t.**
¿Has enviado la carta? No, no lo he hecho.

El pretérito perfecto se utiliza:

Al hablar de acciones que empezaron en el pasado y aún continúan en el presente:

I **have worked** for this company since 2004.
He trabajado para esta compañía desde 2004. (Aún trabajo allí)

She **has lived** in Chicago for two years.
Ella lleva dos años viviendo en Chicago. (Ha vivido en Chicago durante dos años, y sigue viviendo allí)

Al referirnos a una experiencia pasada, sin decir cuándo tuvo lugar:

I **have seen** the Eiffel tower.　　*He visto la torre Eiffel.*
He **has studied** German.　　*Él ha estudiado alemán.*

Si decimos o preguntamos cuándo tuvo lugar la acción, el tiempo ha de cambiar a pasado simple:

I **saw** the Eiffel tower <u>last year</u>.　*Vi la torre Eiffel el año pasado.*

<u>When</u> **did** he **study** German?　*¿Cuándo estudió él alemán?*

He **studied** German <u>a long time ago</u>.
Él estudió alemán hace mucho tiempo.

Para expresar el resultado de una acción pasada recientemente:

My sister **has broken** her arm.
Mi hermana se ha roto un brazo. (Por eso lleva una escayola)

Someone **has opened** the door.
Alguien ha abierto la puerta. (Por eso está abierta)

El pretérito perfecto va muchas veces seguido de "**for**" o "**since**", que se usan como respuesta a la pregunta "**how long?**" *(¿cuánto tiempo?)*:

How long have you lived in Chicago?
¿Cuánto tiempo has vivido en Chicago?

- "**For**" va seguido de un período de tiempo y equivale a "*durante*":

I've lived in Chicago **for** <u>five years</u>.
He vivido en Chicago durante cinco años.

She has played the guitar **for** <u>two months</u>.
Ella ha tocado la guitarra durante dos meses.

• **"Since"** va seguido de un punto en el tiempo, es decir, de un momento determinado (día, mes, año, etc.) y equivale a "*desde*":

I've lived in Chicago **since** 2007.
He vivido en Chicago desde 2007.

She has played the guitar **since** January.
Ella ha tocado la guitarra desde enero.

Recordemos: **For + período de tiempo**
Since + momento determinado

They have been on vacation **for** two months.
Han estado de vacaciones durante dos meses.

They have been on vacation **since** last Monday.
Han estado de vacaciones desde el lunes pasado.

He has driven a car **for** many years.
Él ha manejado un auto durante muchos años.

He has driven a car **since** he was eighteen.
Él ha manejado un auto desde que tenía dieciocho años.

Con el pretérito perfecto también usamos **"ever"** y **"never"**:

"Ever" equivale a "*alguna vez*". Se utiliza en preguntas y se coloca delante del participio:

Has she **ever** been to the USA?
¿Ha estado ella alguna vez en los EEUU?

Have you **ever** done a crossword?
¿Has hecho alguna vez un crucigrama?

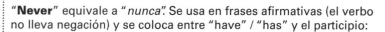

"Never" equivale a "*nunca*". Se usa en frases afirmativas (el verbo no lleva negación) y se coloca entre "have" / "has" y el participio:

They have **never** been to Brazil.
Ellos nunca han estado en Brasil.

Have you **ever** eaten sushi? No, I have **never** eaten sushi.
¿Has comido sushi alguna vez? No, nunca he comido sushi.

Has he **ever** won a prize? No, he has **never** won a prize.
¿Ha ganado él un premio alguna vez? No, él nunca ha ganado un premio.

b) LISTA DE VERBOS IRREGULARES (II)

A continuación se muestra una lista de verbos irregulares, con sus formas de pasado y de participio.

Infinitivo	Pasado	Participio	
to be	was / were	been	*(ser, estar)*
to break	broke	broken	*(romper)*
to bring	brought	brought	*(traer)*
to buy	bought	bought	*(comprar)*
to come	came	come	*(venir)*
to do	did	done	*(hacer)*
to drink	drank	drunk	*(beber)*
to drive	drove	driven	*(manejar)*
to eat	ate	eaten	*(comer)*
to fall	fell	fallen	*(caer)*
to feel	felt	felt	*(sentir)*
to find	found	found	*(encontrar)*
to forget	forgot	forgotten	*(olvidar)*
to get	got	got / gotten	*(obtener, llegar)*
to go	went	gone	*(ir)*
to have	had	had	*(tener, haber, tomar)*
to know	knew	known	*(conocer)*
to lose	lost	lost	*(perder)*
to make	made	made	*(hacer, fabricar)*
to meet	met	met	*(conocer, reunir)*
to pay	paid	paid	*(pagar)*
to put	put	put	*(poner)*
to run	ran	run	*(correr)*
to say	said	said	*(decir)*
to see	saw	seen	*(ver)*
to sell	sold	sold	*(vender)*
to sent	sent	sent	*(enviar)*
to speak	spoke	spoken	*(hablar)*
to spend	spent	spent	*(gastar, pasar [tiempo])*
to steal	stole	stolen	*(robar)*
to take	took	taken	*(llevar, tomar)*
to tell	told	told	*(decir)*
to think	thought	thought	*(pensar)*
to understand	understood	understood	*(comprender)*
to win	won	won	*(ganar)*
to write	wrote	written	*(escribir)*

EJERCICIOS:

1.- Ordena las palabras para formar frases correctas.

a) I the haven't brought dictionary.
b) many we poems written haven't.
c) my hasn't mother bought new a dress.
d) haven't late you arrived.
e) found she her wallet hasn't.

2.- Completa las siguientes oraciones con "for" o "since".

a) We haven't seen him .... three weeks.

b) She hasn't been here............. last week.

c) We have done one exercise .... 7 o'clock.

d) He's had his car .... five years.

e) Have you lived in this house .... many years?

3.- Forma la pregunta completa usando el pretérito perfecto.

a) (you / ever / be / to Los Angeles?)
....

b) (he / read / any novels in English?)
....

c) (they / ever / visit / New York)?
....

d) (you / ever / speak to a famous person?)
....

e) (she / live / in this town all her life?)
....

4.- Completa el crucigrama con los participios de los verbos siguientes: make, steal, pay, win, meet, do.

W☐☐
☐A☐
☐N☐
☐T☐☐☐☐
☐E☐
☐D

APÉNDICE

VERBOS CON PARTÍCULA

Break down	*averiarse*
Break into	*irrumpir, entrar a la fuerza*
Bring up	*educar*
Call somebody up	*llamar por teléfono*
Carry on	*seguir, continuar*
Carry out	*llevar a cabo*
Come across	*encontrar (casualmente)*
Come in	*entrar*
Come up	*surgir, aparecer*
Deal with	*tratar de/con*
Do without	*arreglárselas sin algo*
Fill in / out	*rellenar*
Find out	*descubrir*
Get on with	*llevarse con alguien*
Get onto	*subirse*
Get out of	*bajarse, salir*
Get over	*recuperarse*
Get up	*levantarse*
Give in	*rendirse*
Give up	*dejar de*
Go out	*salir*
Look after	*cuidar*
Look at	*mirar*
Look down on	*despreciar*
Look into	*investigar*
Look for	*buscar*
Look up	*buscar en un libro*
Make out	*comprender*
Make up	*maquillar*
Pick something/somebody up	*recoger algo/ a alguien*
Put on	*ponerse (ropa)*
Put up	*alojar*
Run out of	*quedarse sin algo*
Shut up	*callarse*
Sit down	*sentarse*
Sort out	*clasificar, ordenar, arreglar*
Stand up	*levantarse (de un asiento)*
Switch on/off	*encender/apagar*
Take off	*despegar (un avión), quitarse (ropa)*
Tell off	*reñir, regañar*
Throw away	*tirar, arrojar*
Turn on/off	*encender/apagar*
Turn up/down	*subir/bajar (el volumen)*

PESOS Y MEDIDAS

MEDIDAS DE LONGITUD

1 inch (1 pulgada) = 2.54 centímetros
1 foot (1 pie) = 30.48 centímetros
1 yard (1 yarda) = 0.914 metros
1 mile (1 milla) = 1.609 kilómetros

CONVERSIONES

Pulgadas a centímetros...................... multiplicar por 2.54
Centímetros a pulgadas..................... multiplicar por 0.39
Pies a metros .... multiplicar por 0.30
Metros a pies .... multiplicar por 3.28
Yardas a metros................................. multiplicar por 0.91
Metros a yardas.................................. multiplicar por 1.09
Millas a kilómetros .... multiplicar por 1.61
Kilómetros a millas............................. multiplicar por 0.62
Acres a hectáreas .... multiplicar por 0.40
Hectáreas a acres............................... multiplicar por 2.47

MEDIDAS DE SUPERFICIE

1 square inch (1 pulgada cuadrada) = 6.45 centímetros cuadrados
1 square foot (1 pie cuadrado) = 0.093 metros cuadrados
1 square yard (1 yarda cuadrada) = 0.836 metros cuadrados
1 square mile (1 milla cuadrada) = 2.59 kilómetros cuadrados
1 acre (1 acre) = 0.404 hectáreas

PESOS Y MEDIDAS

MEDIDAS DE CAPACIDAD O VOLUMEN

1 pint (1 pinta) = 0.47 litros
1 quart (1 cuarto de galón) = 0.94 litros
1 gallon (1 galón) = 3.78 litros

CONVERSIONES

Galón a litros.. multiplicar por 3.78
Litros a galón .... multiplicar por 0.26

MEDIDAS DE PESO

1 ounce (1 onza) = 28.35 gramos
1 pound (1 libra) = 0.453 kilogramos
1 ton (1 tonelada) = 907 kilogramos (2,000 libras)

CONVERSIONES

Onzas a gramos .... multiplicar por 28.35
Gramos a onzas .... multiplicar por 0.035
Libras a kilos .... multiplicar por 0.45
Kilos a libras .... multiplicar por 2.21
Toneladas a kilos .... multiplicar por 907